Udo Kuckartz · Thomas Ebert
Stefan Rädiker · Claus Stefer

Evaluation online

Udo Kuckartz · Thomas Ebert
Stefan Rädiker · Claus Stefer

Evaluation online

Internetgestützte Befragung
in der Praxis

VS VERLAG FÜR SOZIALWISSENSCHAFTEN

Bibliografische Information der Deutschen Nationalbibliothek
Die Deutsche Nationalbibliothek verzeichnet diese Publikation in der
Deutschen Nationalbibliografie; detaillierte bibliografische Daten sind im Internet über
http://dnb.d-nb.de abrufbar.

1. Auflage 2009

Alle Rechte vorbehalten
© VS Verlag für Sozialwissenschaften | GWV Fachverlage GmbH, Wiesbaden 2009

Lektorat: Frank Engelhardt

VS Verlag für Sozialwissenschaften ist Teil der Fachverlagsgruppe
Springer Science+Business Media.
www.vs-verlag.de

Das Werk einschließlich aller seiner Teile ist urheberrechtlich geschützt. Jede Verwertung außerhalb der engen Grenzen des Urheberrechtsgesetzes ist ohne Zustimmung des Verlags unzulässig und strafbar. Das gilt insbesondere für Vervielfältigungen, Übersetzungen, Mikroverfilmungen und die Einspeicherung und Verarbeitung in elektronischen Systemen.

Die Wiedergabe von Gebrauchsnamen, Handelsnamen, Warenbezeichnungen usw. in diesem Werk berechtigt auch ohne besondere Kennzeichnung nicht zu der Annahme, dass solche Namen im Sinne der Warenzeichen- und Markenschutz-Gesetzgebung als frei zu betrachten wären und daher von jedermann benutzt werden dürften.

Umschlaggestaltung: KünkelLopka Medienentwicklung, Heidelberg
Druck und buchbinderische Verarbeitung: Krips b.v., Meppel
Gedruckt auf säurefreiem und chlorfrei gebleichtem Papier
Printed in the Netherlands

ISBN 978-3-531-16249-2

Inhalt

Vorwort 7

1. Einführung: Online-Befragung mit Mixed Methods im Rahmen von Evaluation 11
2. Planung einer Evaluation mit Online-Befragung 16
   Evaluationsgegenstand beschreiben und Akteure bestimmen 16
   Evaluationszweck und Fragestellungen festlegen 19
   Evaluationsdesign planen 21
   Software für die Online-Befragung auswählen 22
3. Inhaltliche Entwicklung des Erhebungsinstruments 32
   Offene und/oder geschlossene Fragen? 32
   Generierung der geschlossenen Fragen 33
   Generierung der offenen Fragen 35
   Wichtige Aspekte der Fragebogenkonstruktion 36
4. Online-Umsetzung des Fragebogens 40
   Online-Antwortformate 40
   Gestaltung des Online-Fragebogens 45
   Testen des Online-Fragebogens 47
5. Stichprobenauswahl und Durchführung der Erhebung 51
   Stichprobenauswahl 51
   Durchführung der Erhebung 53
   Forschungsethik und Datenschutz: Freiwilligkeit, Vertraulichkeit und Anonymität 57
6. Datenaufbereitung für die Analyse 60
   Export der Daten 60
   Kontrolle und Bereinigung der Antwortdatensätze 61
   Forschungsethik und Datenschutz: Anonymisierung und Datenaufbereitung 62
   Import der Daten in Analyseprogramme 64

7. **Datenexploration: fallorientiert und fallübergreifend** 66
   Fallorientierte Erkundung der Daten 67
   Fallübergreifende Erkundung der quantitativen Daten: die
   Grundauszählung 72
   Die weitere gezielte Erkundung des qualitativen Datenmaterials:
   Worthäufigkeiten, Begriffs- und Themenerkundung 74
   Ausblick auf den weiteren Fortgang der Auswertung 75

8. **Vertiefende Analyse: Kategorienbasierte Auswertung der qualitativen Daten** 76
   Das Kategoriensystem erstellen 77
   Codierregeln 79
   Das Codieren der Antworten 80
   Die Ergebnisse mit Blick auf den Evaluationsbericht verschriftlichen 83

9. **Zusammenhangsanalysen: Von der Kreuztabelle zu Mixed Methods** 88
   Analysen des Typs quantitativ – quantitativ 91
   Analysen des Typs qualitativ – qualitativ 93
   Analysen des Typs qualitativ – quantitativ 95

10. **Der Evaluationsbericht: Erstellung und Kommunikation** 99
    Evaluationsbericht erstellen 99
    Hinweise zu Diagrammen, Grafiken und Tabellen 102
    Ergebnisse kommunizieren 105

11. **Methodische Bilanz** 107
    Online-Forschung auf dem Vormarsch 107
    Veränderte Kompetenzanforderungen für Planung, Durchführung und
    Auswertung der Evaluation 108
    Der Mehrwert onlinebasierter Mixed Methods-Erhebungsverfahren 109
    Kritische Aspekte 113
    Bilanz 115

12. **Ressourcen für die Online-Befragung im Rahmen von Evaluation** 116
    Checkliste für die Umsetzung einer Evaluation mit einer Mixed Methods
    Online-Befragung 116
    Ausgewählte und kommentierte Literatur 121
    Ausgewählte Internet-Ressourcen 123

Literatur 126

Vorwort

Bücher zum Thema »Evaluation« gibt es mittlerweile wie Sand am Meer. Warum sollte man gerade dieses lesen? Was ist der besondere Fokus dieses bewusst kurz gehaltenen Bandes? Viele Bücher beleuchten das Thema aus einer eher theoretischen Perspektive, räsonieren über die Differenzen zwischen Forschung und Evaluation oder über die gesellschaftliche Bedeutung und die Konsequenzen von Evaluationen, lassen einen aber hinsichtlich der praktischen Durchführung von Evaluationsprojekten eher ratlos zurück. Dieser Text ist ganz und gar in praktischer Absicht geschrieben, das bedeutet nicht, dass wir Fragen der Theorie der Evaluation gering schätzen, sondern lediglich, dass sie uns in diesem Buch entbehrlich erscheinen. Im Mittelpunkt steht die Online-Evaluation, d.h. eine Form von Evaluation, die sich moderner Informations- und Kommunikationstechnologie bedient und neue Möglichkeiten eröffnet. Solche neuen Möglichkeiten sehen wir insbesondere in Bezug auf die Verknüpfungsmöglichkeiten von Datenerhebungsmethoden, namentlich der Kombination von standardisierten und offenen Fragen. Der Text gibt eine praktische Anleitung für die Durchführung einer Evaluation, die dem Konzept der Methodenintegration (vgl. Kelle 2007) folgt, und offeriert einen Weg, wie man auch mit relativ vielen Probanden eine methodisch kontrollierte Auswertung von Mixed Methods-Daten vornehmen kann.

Die Idee zu diesem Buch entstand unmittelbar nach Erscheinen unseres Buches »Qualitative Evaluation – der Einstieg in die Praxis« im Frühjahr 2007 (ebenfalls im VS-Verlag). In dieser Publikation hatten wir versucht, den Ablauf eines qualitativen Evaluationsprojektes möglichst detailliert zu dokumentieren und nachvollziehbar zu beschreiben. Das Evaluationsprojekt selbst hatten wir als ein »Demonstrationsvorhaben« konzipiert, in dem wir innerhalb eines selbst gesetzten Zeitrahmens von 100 Stunden eine qualitative Evaluationsstudie durchführen und dabei in Erfahrung bringen wollten, ob auch unter solch restriktiven Bedingungen eine Evaluation mit qualitativen Verfahren gewinnbringend durchführbar war. Hintergrund für dieses Versuchsprojekt war die Erfahrung, dass Evaluationen im Hochschulbereich überwiegend mit standardisierten Methoden durchgeführt werden und der Einsatz qualitativer Verfahren gemeinhin als zu zeit- und ressourcenaufwendig gilt. Qualitative Methoden werden aber nicht nur wegen ihres Aufwandes skeptisch betrachtet, sondern auch wegen ihrer mangelnden methodischen Strenge kritisiert. Ziel unseres Projektes war also gewissermaßen der Nachweis: *Es geht auch methodisch kontrolliert in vertretbarer Zeit.*

Die Ergebnisse des qualitativen Evaluationsprojektes waren in vielfacher Hinsicht ermutigend. Es gelang tatsächlich ein inhaltlich ergiebiges Projekt innerhalb des knappen Zeitrahmens durchzuführen und es ließen sich Erkenntnisse gewinnen, die über diejenigen hinausgingen, die mit den regelmäßig durchgeführten standardisierten Instrumentarien zuvor gewonnen werden konnten. So gelang es auch, auf der Basis von offenen Interviews mit Studentinnen und Studenten Verbesserungsvorschläge für den Gegenstand der Evaluation, eine evaluierte universitäre Lehrveranstaltung, zu erarbeiten und ein Verständnis für die studentischen Lernformen und Grundhaltungen zu gewinnen.

Die primären Gewinne der von uns eingesetzten qualitativen Methodik waren also ein tieferes Verständnis für das Wie und Warum der Bewertungen, für die Motive der Studierenden sowie sehr konkrete Veränderungsvorschläge für die evaluierte Lehrveranstaltung selbst. Bei einer kritischen Bewertung des Evaluationsprojektes insgesamt zeigten sich aber auch weiterführende Aspekte, die in zwei Richtungen deuteten:

Den ersten Aspekt könnte man als *Wunsch nach mehr Detailwissen* bezeichnen. Als Erhebungsinstrument hatten wir relativ kurze Leitfadeninterviews eingesetzt. Bei der Analyse hätte man sich des öfteren ausführlicheres Datenmaterial gewünscht. Es wurde deutlich, dass eine detaillierte Fallstudie bspw. der Lernformen und Lernstile längere Interviews und längere Auswertungs- und Interpretationszeiträume benötigen würde.

Der zweite Aspekt betrifft den Themenkreis *Stichprobe und Repräsentativität*. Über qualitativen Studien hängt fast immer das Damoklesschwert der Frage nach der Verallgemeinerbarkeit der Analyseergebnisse. Wenn bspw. von 250 Teilnehmenden einer Veranstaltung nur 10 oder 20 in die Evaluation einbezogen werden, stellt sich automatisch die bange Frage, wie es sich denn wohl mit den anderen 230 oder 240 verhält, die man nicht gefragt hat. Die zufällige Auswahl von Probanden kann einen zwar vor den größten Fehleinschätzungen durch systematische Selektion bewahren (etwa indem durch die Art des Auswahlverfahrens nur Interessierte oder nur Kritiker in die Studie gelangen), doch stellt sie ebenso wenig eine rundum befriedigende Lösung dar wie eine Auswahl nach theoretischen Gesichtspunkten, wie sie bspw. durch das »Theoretical Sampling« der Grounded Theory (vgl. Glaser/Strauss 1998: 53ff.) geschieht. Durch letzteres ist man zwar in der Lage, Personen aus für die Evaluation besonders interessanten und wichtigen Gruppen systematisch auszuwählen, doch bleibt auch hier die Frage nach der Meinung der großen Mehrheit derjenigen, die man eben nicht befragt hat.

Wir waren uns einig, dass die Evaluationsmethodik experimentell beide Aspekte bearbeiten müsse, also einmal stärker narrativ ausgerichtete Verfahren erproben und andererseits Lösungsmöglichkeiten für die Verallgemeinerungsproblematik suchen müsse. Letzteres schien uns im Kontext von Evaluationen der relevantere Aspekt zu sein, denn anders als bei »normaler« Forschung – sei sie nun Grundlagenforschung oder angewandte Forschung – geht es hier per se mehr um Beschreibung, Bewertung und Analyse eines Prozesses oder Programms[1] in seiner Gesamtheit und nicht um Einzelfallanalyse oder biografische Prozesse.

Bei unserer Suche nach Lösungsmöglichkeiten für das Verallgemeinerungsproblem stießen wir auf die *Online-Forschung*, die immer noch eine neue und im Bereich von Evaluationen in ihren Potenzialen nicht ausgeschöpfte Methode darstellt. Die Vorteile der Online-Forschung liegen auf der Hand: größere Schnelligkeit, größere Stichproben und Reduzierung der Kosten für die Datenerhebung, insbesondere entfällt die Transkription von verbalen Daten. Auf der anderen Seite ist man aber auch mit neuen, bisher unbekannten Problemen konfrontiert, bspw. der Frage, wie eine Auswertung von sehr vielen Antworttexten zu realisieren ist und welcher Zeitaufwand damit verbunden ist. Zudem lässt sich fragen, welche Besonderheiten die Erhebungsform *Online* im Vergleich zu traditionellen qualitativen Erhebungsformen mit sich bringt. Kommunikation, gemeinhin als ein wichtiges Charakteristikum qualitativer Methodik geltend (vgl. Lamnek 2005: 22ff.), ist in einer Online-Gruppendiskussion oder einem offenen Online-Interview offenkundig nicht in der gleichen Weise möglich wie in den traditionellen Erhebungssituationen. Bedenkenträger mögen da sogleich in Frage stellen, ob qualitative Forschung überhaupt online möglich sei. Wir halten dies eher für eine empirische Frage, die in der Praxis untersucht werden muss und so haben wir den Versuch gestartet, eine Online-Evaluation durchzuführen, die neben einem standardisierten Teil auch einen offenen, qualitativen Teil umfasst. Diesen haben wir in Form von offenen Fragen in der gleichen Online-Befragung realisiert, was gegenüber einer gesonderten qualitativen Erhebung vor allem pragmatische Vorteile hatte. Um Vergleiche mit unserer Studie »Qualitative Evaluation« herstellen zu können, haben wir den gleichen Gegenstand für die Evaluation gewählt, nämlich eine universitäre Lehrveranstaltung mit ca. 200 Teilnehmenden. Die Kombination von standardisierten mit offenen Fragen erschien uns besonders interessant, wobei ein spezieller Fokus auf die Auswertung der offenen Fragen gerichtet war: Wie lassen sich die Antworten von derart vielen Personen methodisch kontrolliert auswerten und welche Differenzen lassen sich zwischen traditionell und online erhobenen Daten feststellen?

Das vorliegende Buch richtet sich primär an alle Personen, die selbst Evaluation betreiben, sich für das Potenzial von Online-Forschung interessieren und es für sinnvoll halten, über standardisierte, quantitative Verfahren der Datenerhebung hinauszugehen. Die Darstellung dieses Buches folgt dem Ablauf des Evaluationsprojektes und gibt eine detaillierte Anleitung für die praktische Umsetzung. Der gesamte Evaluationsprozess wird von der Planung bis zur Berichtslegung darge-

---

[1] »Programme sind Bündel von Maßnahmen, je bestehend aus einer Folge von Aktivitäten, basierend auf einem Set von Ressourcen, gerichtet auf bestimmte, bei bezeichneten Zielgruppen zu erreichende Ergebnisse (outcomes)« (Beywl/Schepp-Winter 2000).

stellt, wobei der Schwerpunkt auf den Online-Aspekt von Evaluation gelegt wird. Soweit notwendig, wird auch der allgemeine Aspekt von Evaluationsmethodik in komprimierter Form dargestellt.

An der Erstellung dieses Buches haben neben den Autoren auch Thorsten Dresing, Uta-Kristina Meyer, Julia Schehl, Gabriele Schwarz, Xiaokang Sun und Stefanie Zanetti mitgearbeitet. Für ihr großes Engagement möchten wir uns hiermit herzlich bedanken. Ferner sind wir Berthold Schobert und Heiko Grunenberg für ihre kritische Lektüre des Manuskripts und die zahlreichen konstruktiven Anregungen zu besonderem Dank verpflichtet.

1. Einführung: Online-Befragung mit Mixed Methods im Rahmen von Evaluation

In Diskussionen um die Vor- und Nachteile *qualitativer Evaluation* wird immer wieder angeführt, dass besonders bei Evaluationen von Programmen mit vielen Beteiligten die Generalisierung der Ergebnisse von wenigen in die Evaluation einbezogenen Probanden problematisch sei. Für die Evaluation von Lehrveranstaltungen an Hochschulen und Universitäten bedeutet dies, dass der vermeintliche Königsweg immer noch darin besteht, die Studierendenmeinung mit Hilfe klassischer standardisierter Vollerhebungen in Form von Papier-und-Bleistift-Lehrevaluationsbögen einzuholen. Diese sind jedoch meist beschränkt auf einige wenige Dimensionen, die abgefragt werden (z.B. Verhalten der Dozenten, Inhalt der Veranstaltung, didaktische Aspekte etc.). Neben diesen Bewertungsfragen enthalten die klassischen Fragebögen meist auch ein oder zwei offene Fragen. Diese werden jedoch häufig in der Auswertung nur stiefmütterlich behandelt: Bei Lehrveranstaltungsevaluationen an der Philipps-Universität Marburg landen die Antworten der offenen Fragen bspw. in Form von abgetrennten Papierschnipseln auf dem Schreibtisch der jeweiligen Dozenten. Die Auswertung obliegt dann den Lehrenden selbst und diese werden angesichts des begrenzten Zeitbudgets nur wenig Aufwand bei deren Durchsicht betreiben. Geschuldet ist dies dem enormen Verbrauch zeitlicher Ressourcen, der mit der systematischen Auswertung der handschriftlichen und oft unleserlichen Textantworten verbunden ist. Erheblicher Zeitaufwand ist auch für die Eingabe der standardisierten Fragen erforderlich, hier bieten jedoch Scanner die Möglichkeit, die Daten automatisch einlesen zu lassen. In beiden Fällen, sowohl bei der automatischen als auch der manuellen Eingabe, besteht allerdings immer die Gefahr, dass die Daten fehlerhaft übertragen werden oder im Falle uneindeutig ausgefüllter Fragebögen die Erfassung gänzlich unmöglich ist.

Diese Fehlerquelle bei der Datenübertragung klassischer Papier-und-Bleistift-Erhebungen ist in Online-Befragungen nahezu ausgeschlossen, da die erfassten Daten direkt in einem für Analyseprogramme nutzbaren Format vorliegen, so dass die sonst erforderliche Dateneingabe durch das Evaluatorenteam entfällt. Da dies neben den quantitativen Daten für jegliche von den Befragten eingegebene Daten gilt, wird auch die Erhebung qualitativer Daten erheblich vereinfacht.

Dieser Vorteil der Online-Erhebung, der sich in verringerten Kosten und hoher Zeitersparnis niederschlägt, ist ein wichtiger Grund für den zunehmenden Einsatz von Online-Methoden in den Sozialwissenschaften sowie der Markt- und Meinungsforschung.[2] Darüber hinaus werden durch die zunehmende Verbreitung der IuK-Technologie zeitliche und geographische Grenzen aufgehoben (Batinic/Gnambs 2007). Große räumliche Distanzen und begrenzte zeitliche Ressourcen der potenziellen Befragten und Interviewpartner stellen keine Hindernisse bei der Befragung mehr dar. Die dabei zum Einsatz kommenden Online-Methoden unterscheiden sich nur wenig von den traditionellen Erhebungsformen. Neben dem klassischen standardisierten Fragebogen werden mittlerweile auch vermehrt qualitative Verfahren wie offene Befragungen, Gruppendiskussionen und Dokumentenanalysen internetbasiert durchgeführt. In der Online-Forschung finden sich bezüglich der Erhebungsmethoden die selben Dimensionalisierungen wie in der klassischen qualitativen Methodologie. Unterschieden werden bspw. Einzelbefragungen und Gruppeninterviews oder teilnehmende und nicht-teilnehmende Beobachtungen. Ein weiteres Unterscheidungsmerkmal ergibt sich aus den verwendeten technischen Mitteln und den sich daraus ergebenden zeitlichen Gestaltungsmöglichkeiten. Die Datenerhebung kann sowohl synchron im direkten Dialog erfolgen, als auch asynchron in zeitlich versetzten Frage-Antwort-Szenarien (z.B. in Diskussionsforen).

Die bisher beschriebenen Eigenschaften der internetbasierten Erhebungsmethoden machen Sie auch für Evaluationen interessant. Besonders hervorzuheben ist die Möglichkeit, auch Veranstaltungen mit einer hohen Teilnehmerzahl in Form von Vollerhebungen zu evaluieren bei denen zusätzlich offene Fragen einen großen Teil der Untersuchung ausmachen. Doch auch Programme mit wenigen Beteiligten können online evaluiert werden. Hierfür bedarf es jedoch keineswegs ausgefeilter Software, sondern gerade offene Fragen können in einem solchen Fall auch per E-Mail gestellt werden. Gerade diese qualitativen Daten sind es nämlich, die aufgrund ihrer Ganzheitlichkeit und Komplexität einen deutlichen Zugewinn in Evaluationen erbringen können (vgl. Kelle 2006, Kuckartz u.a. 2008).

Durch die Online-Befragungen wird also die gleichzeitige Erhebung von quantitativen und qualitativen Daten erheblich vereinfacht. Der große Stichprobenumfang der erhobenen standardisierten Daten erlaubt es bspw., unterschiedliche Typen von Studierenden auszumachen. Ein tiefergehendes Verständnis dieser Gruppen über deren jeweiligen Motive und Kontexte oder deren je spezifische Hinweise zur Verbesserung der Veranstaltung bieten dann die qualitativen Daten. Da auch der umgekehrte Weg denkbar ist, also die qualitativen durch die quantitativen Daten anzureichern, können so gewonnene Erkenntnisse durch den Rückgriff auf die

---

[2] Theoretische Diskussionen und Weiterentwicklungen der internetbasierten Erhebungsformen werden unter dem Label »Online-Forschung« geführt, zu dem bereits 1998 die Deutsche Gesellschaft für Online-Forschung e.V. (DGOF) als Forum für den Interessensaustausch und Wissenstransfer gegründet wurde.

jeweils andere Datenform ergänzt und validiert werden. Der Einsatz solch multimethodischer Erhebungsmethoden eröffnet darüber hinaus die Möglichkeit, Diskrepanzen oder Unerwartetes genauer in den Blick zu nehmen und so ein komplexeres Bild vom Evaluationsgegenstand zu zeichnen.

Online-Erhebungen bieten im Vergleich zu Papier-und-Bleistift-Befragungen weiterhin die Möglichkeit der flexiblen Gestaltung von Fragebögen. So können vorhandene Fragebögen, die bspw. von einer mit der Gestaltung der Evaluation beauftragten zentralen Stelle vorgeben werden, jederzeit ergänzt und modifiziert werden. Aktuelle Anwendungen[3] bieten häufig die Option, bestehende Fragebögen problemlos um neue Fragen zu ergänzen und damit an die eigenen Bedürfnisse anzupassen oder um veranstaltungsspezifische Dimensionen zu erweitern.

Mit Online-Verfahren sind allerdings auch noch diverse offene Fragen verknüpft, z. B. die Frage der Rücklaufquote von Online-Fragebögen. Diesbezüglich finden sich in der Literatur unterschiedliche Befunde. Einige bescheinigen der Online-Erhebung deutlich niedrigere Rücklaufquoten im Vergleich zu klassischen Erhebungsverfahren, andere deutlich höhere (vgl. Simonson/Pötschke 2006). Über die generelle Rücklaufquote hinaus war gerade für die hier dokumentierte Evaluation mit ihrem großen Anteil offener Fragen die »item non response«, also die Nichtbeantwortung einzelner Fragen innerhalb eines Erhebungsinstrumentes, von hoher Bedeutung. Fraglich war auch, ob die Befragten bereit sind, erheblich mehr offene Fragen zu beantworten, als sie dies von bisherigen Evaluationen oder Fragebögen kennen und ob sich diese Antworten bezüglich ihrer Qualität zwischen den unterschiedlichen Erhebungsformen unterscheiden.

Einen direkten Einfluss auf das Antwortverhalten hat auch die Skepsis von Befragten gegenüber Online-Erhebungen, was Fragen der Anonymität betrifft. Wenn ein Link an eine bestimmte Adresse gesandt wird, so die Bedenken, können die gegeben Antworten auch zu dieser Adresse zurückverfolgt werden. Auch hier galt es demnach, Möglichkeiten zu finden, um diese Bedenken abzubauen und die Anonymität sicherzustellen.

Schon zu Beginn unseres Vorhabens war uns bewusst, dass aufgrund der Verwendung vieler offener Fragen die auszuwertende Datenmenge deutlich über der von standardisierten Erhebungsinstrumenten liegen würde. Als Novum in der Evaluationsforschung stand deshalb die Frage im Raum, wie überhaupt mit großen Mengen offener Textantworten umzugehen sei, wie ein geeignetes Vorgehen bei der Auswertung selbiger aussehen könnte und wie bei der Analyse die qualitativen und quantitativen Daten aufeinander bezogen werden können.

Die vorliegende Dokumentation unseres Vorgehens ist als Anleitung zu verstehen, wie eine internetgestützte Befragung in der Evaluationspraxis eingesetzt werden kann. Hierfür soll zunächst gezeigt werden, welcher technischen Vorausset-

---

3 Eine Auswahl an gängigen Anwendungen findet sich in Kapitel 2, S. 26.

zungen es bedarf und wie mit einfachen Computerkenntnissen ein Online-Fragebogen erstellt wird. Daran schließt sich die Beschreibung der konkreten Feldphase an, das Exportieren des Materials in die jeweilige Auswertungssoftware sowie dessen Auswertung.

Beim Schreiben des Textes sind wir von der Vorstellung von interessierten, bisher in Bezug auf Online-Forschung unerfahrenen Lesern und Leserinnen ausgegangen, die erwarten, dass der Text eine Reihe von konkreten praktischen Fragen beantwortet, die sich im Zusammenhang mit einer beabsichtigten Durchführung einer Online-Evaluation stellen. Solche potenziellen Fragen sind:

1. Wie sieht der Ablauf einer Online-Erhebung aus?
2. Benötigt man für eine Online-Befragung spezielles Methodenwissen, möglicherweise sogar Programmierwissen?
3. Benötigt man einen eigenen Internetserver, um Online-Erhebungen durchführen zu können?
4. Wie erstellt man die Fragen und die Antwortvorgaben für einen Online-Fragebogen? Benötigt man hierzu spezielle Software?
5. Wie ist das Erhebungsinstrument aufzubauen?
6. Wie lässt sich ein Befragungsinstrument konstruieren, das sowohl offene als auch geschlossene Fragen enthält?
7. Wie organisiert man die Feldphase bei einer Online-Befragung? Wie kann die Anonymität der Befragten sichergestellt und die Rücklaufquote erhöht werden?
8. Wie kann man sicher sein, dass nicht jemand mehrmals antwortet oder sogar Leute antworten, die mit dem untersuchten Programm gar nichts zu tun haben?
9. Wie und in welcher Form erhält man nach Ende der Feldphase die Daten – sowohl die quantitativen als auch qualitativen?
10. Wie erstellt man auf der Basis dieser Rohdaten eine Datei der standardisierten Daten, die sich mit herkömmlichen Statistikprogrammen analysieren lässt?
11. Wie erzeugt man aus den Rohtexten der offenen Fragen eine Auswertungsdatei, die sich dann mit einer Software für die qualitative Datenanalyse (QDA-Software) bearbeiten lässt?
12. Wie lassen sich in der Auswertungen durchführen, bei denen die quantitativen und qualitativen Daten aufeinander bezogen werden?

Die folgende Darstellung der einzelnen Schritte der Online-Evaluationsstudie will diese Fragen möglichst detailliert beantworten, d.h. es soll eine gut nachvollziehbare Schilderung unserer Vorgehensweise erfolgen. Dies geht an vielen Stellen allerdings nur, indem auch die konkrete Vorgehensweise und ausgewählte Ergebnisse der Evaluation selbst vorgestellt werden. Das methodische Procedere, etwa bei der Bildung von Kategorien oder der kategorienbasierten Auswertung, lässt sich nun einmal besser erklären (und auch verstehen), wenn tatsächlich Kategorien gebildet werden als wenn nur von einer Metaposition allgemein über die Bildung von Kategorien referiert wird.

Einen Qualitätsmaßstab für alle Formen professioneller Evaluation geben die 2001 von der Gesellschaft für Evaluation (DeGEval)[4] beschlossenen »Standards für Evaluation« vor. In diesem Buch wird an vielen Stellen auf die jeweils relevanten Standards verwiesen, um jeweils einen Rückbezug zu den Anforderungen einer professionellen Evaluationspraxis herzustellen. Unsere Studie soll einen Beitrag für die Weiterentwicklung der Evaluationsmethodik liefern. Die »Standards für Evaluation« behandeln diesen Komplex der Evaluationsmethoden unter der Überschrift »Genauigkeit«.

> *Genauigkeitsstandard 7: Analyse qualitativer und quantitativer Informationen*
> Qualitative und quantitative Informationen einer Evaluation sollen nach fachlichen Maßstäben angemessen und systematisch analysiert werden, damit die Fragestellungen der Evaluation effektiv beantwortet werden können.

---

4 Die DeGEval ist ein Zusammenschluss von Personen und Institutionen, die im Feld der Evaluation tätig sind und sich die Professionalisierung von Evaluation auf die Fahnen geschrieben haben. Die aus insgesamt 25 Einzelstandards bestehenden Leitlinien orientieren sich an den weitaus umfangreicheren Standards des amerikanischen »Joint Committee on Standards for Educational Evaluation«, die auch in deutscher Übersetzung vorliegen.

2. Planung einer Evaluation mit Online-Befragung

Für die Planung von Evaluationen mit internetgestützter Datenerhebung gelten die gleichen Regeln wie für jede andere Evaluation auch. Evaluationsgegenstand und die beteiligten Akteure müssen genauso bestimmt werden, wie auch die Zwecke der Evaluation geklärt werden müssen. Der Hauptschwerpunkt dieses Kapitels liegt auf einem spezifischen Charakteristikum von internetgestützter Datenerhebung: Sie greift notwendiger Weise auf spezielle Software zurück. Der letzte Abschnitt widmet sich daher insbesondere den Fragen, welche Software für die Online-Erhebung und die spätere Auswertung in Frage kommt und nach welchen Kriterien man eine geeignete Software auswählen kann.

Evaluationsgegenstand beschreiben und Akteure bestimmen

> *Genauigkeitsstandard 1: Beschreibung des Evaluationsgegenstandes*
> Der Evaluationsgegenstand soll klar und genau beschrieben und dokumentiert werden, so dass er eindeutig identifiziert werden kann.
>
> *Genauigkeitsstandard 2: Kontextanalyse*
> Der Kontext des Evaluationsgegenstandes soll ausreichend detailliert untersucht und analysiert werden.

Der erste Schritt einer Evaluation besteht in der Festlegung des Evaluationsgegenstandes, also dessen, was evaluiert werden soll. In der Regel handelt es sich dabei um Maßnahmen, Programme, Institutionen, Produkte oder Prozesse. Aufgabe der Evaluatoren ist es, gemeinsam mit den Auftraggebern und ggf. mit weiteren Beteiligten den Evaluationsgegenstand nicht nur zu benennen, sondern im Detail zu bestimmen, zu beschreiben und das Ergebnis schriftlich zu fixieren. Auch der Kontext eines Evaluationsgegenstandes bedarf einer detaillierten Beschreibung, etwa von welchem politischen und sozialen Klima der Gegenstand umgeben und welchen wirtschaftlichen Bedingungen er ausgesetzt ist. Auf Grundlage einer fundierten Kontextanalyse kann z. B. eingeschätzt werden, inwieweit die späteren Resultate der Evaluation auf andere Kontexte übertragen werden können (DeGEval 2002: 31).

In der Regel sind mit einem Gegenstand Ziele verbunden: Das politische Programm soll die Jugendkriminalität reduzieren, die Bildungsmaßnahme soll zu mehr Handlungsspielraum beitragen und die universitäre Lehrveranstaltung soll Studierenden Grundwissen in Statistik vermitteln. Diese Gegenstandsziele müssen herausgearbeitet und schriftlich festgehalten werden, damit die Evaluatoren kontrolliert bewerten können, ob und wie die erwünschten Ziele erreicht wurden. Darüber hinaus sollten auch Kriterien für die Bewertung des Evaluationsgegenstandes bestimmt werden. Eine Evaluation kann nämlich je nach vereinbartem Bewertungskriterium zu unterschiedlichen Ergebnissen bzw. Schlussfolgerungen führen. Mögen bspw. die Freundlichkeit des Dozenten und auch der subjektive Lernerfolg noch so gut bewertet werden, so kann der objektive Lernerfolg – z.B. gemessen an einer Klausurleistung – trotzdem minimal ausfallen.

> *Nützlichkeitsstandard 1: Identifizierung der Beteiligten und Betroffenen*
> Die am Evaluationsgegenstand beteiligten oder von ihm betroffenen Personen bzw. Personengruppen sollen identifiziert werden, damit deren Interessen geklärt und so weit wie möglich bei der Anlage der Evaluation berücksichtigt werden können.

Der erste Nützlichkeitsstandard weist darauf hin, wie wichtig es ist, die Stakeholder, also die Beteiligten und Betroffenen einer Evaluation zu identifizieren, um einen hohen Nutzen einer Evaluation zu gewährleisten. Zu den möglichen Stakeholdern einer Evaluation gehören[5] (nach Brandt 2007: 166, DeGEval 2002: 21):

- Auftraggeber der Evaluation
- Financier der Evaluation
- Financier des Evaluationsgegenstandes
- An Entwicklung und Durchführung des Gegenstands beteiligte Personen
- direkte Zielgruppen des Gegenstandes und deren soziales Umfeld
- Sonstige Betroffene: z.B. Personen aus dem weiteren Umfeld eines Gegenstandes oder Personen, die *nicht* am Gegenstand involviert sind und dadurch benachteiligt sind.

Speziell bei Online-Befragungen ist auch an die Personen zu denken, die mit der technischen Durchführung der Evaluation betraut sind oder die für die technische Realisierung mit einzubeziehen sind, z.B. Hochschulrechenzentren von Universitäten oder Computerbeauftragte von Unternehmen. Darüber hinaus ist bei der Pla-

---

5 Die Evaluatoren selbst werden üblicherweise nicht zu den Stakeholdern gezählt. Häufig, insbesondere bei Selbstevaluationen, kommt es allerdings zu Rollenkonfusionen, weil die Evaluatoren gleichzeitig zu den Hauptakteuren des Evaluationsgegenstandes zählen.

nung zu berücksichtigen, inwieweit die Stakeholder mit Online-Techniken vertraut sind und diesen nicht ablehnend gegenüber stehen (vgl. Ritter/Sue 2007: 17).

So haben wir es gemacht

Als *Gegenstand unserer Evaluation* wählten wir die universitäre Lehrveranstaltung im Wintersemester 2006/07 »Einführung in die sozialwissenschaftliche Statistik«, die innerhalb des erziehungswissenschaftlichen Diplomstudiengangs an der Philipps-Universität Marburg von allen Studierenden besucht werden muss (N=251). Die einsemestrige Veranstaltung wird in der Regel im ersten Semester absolviert, sie ist vierstündig und besteht aus drei Komponenten: einer zweistündigen Vorlesung, einer zweistündigen Übung und einem optionalen Tutorium, das vor allem solchen Studierenden Hilfestellung geben soll, die Schwierigkeiten mit dem Stoff haben.

Am Ende des Semesters findet eine Prüfung in Form einer Einzelklausur statt. Um eine Bescheinigung über die erfolgreiche Teilnahme zu erhalten, müssen die Studierenden die Klausur bestehen und zudem in einer Arbeitsgruppe mitarbeiten, in der am Beispiel eines kleinen Forschungsprojektes das Wissen über statistische Verfahren angewendet wird. Die Inhalte der Lehrveranstaltung erstrecken sich auf die Deskriptivstatistik und Basisverfahren der Inferenzstatistik, wobei das Statistik-Lehrbuch von Jürgen Bortz (2005) als Grundlagentext dient. Die innerhalb der Vorlesung eingesetzten Folien werden den Teilnehmerinnen und Teilnehmern zu Beginn des Semesters als Reader zur Verfügung gestellt.

Ziel der Statistikveranstaltung ist, dass die Studierenden ein Grundwissen über Verfahren der sozialwissenschaftlichen Statistik und dessen Anwendung im Rahmen der Forschung über Bildung und Erziehung erwerben.

Als wichtige *Stakeholder* unserer Evaluation identifizierten wir die Teilnehmenden der Veranstaltung, die Kolleginnen und Kollegen am Institut für Erziehungswissenschaft der Philipps-Universität Marburg, in dessen Lehrplan die Veranstaltung angeboten wird, und zwei Personen unseres Evaluationsteams in einer Doppelrolle, nämlich als Lehrende in der evaluierten Veranstaltung und konzeptionell verantwortlich für zukünftige Veranstaltungen

Evaluationszweck und Fragestellungen festlegen

> *Nützlichkeitsstandard 3: Klärung der Evaluationszwecke*
> Es soll deutlich bestimmt sein, welche Zwecke mit der Evaluation verfolgt werden, so dass die Beteiligten und Betroffenen Position dazu beziehen können und das Evaluationsteam einen klaren Arbeitsauftrag verfolgen kann.

Für eine klare Trennung zwischen den Zielen des Gegenstandes und denen der Evaluation selbst wird sprachlich zwischen den Gegenstands*zielen* und den Evaluations*zwecken* unterschieden. Ein kurzes Beispiel soll diesen Unterschied verdeutlichen: Zu den Gegenstands*zielen* der von uns evaluierten Lehrveranstaltung zählt u. a. die Vermittlung von Basiswissen in der Statistik. Der *Zweck* unserer Evaluation lässt sich unter dem Label »Optimierung zukünftiger Veranstaltungen« fassen. Theoretisch ließen sich fast beliebig viele Zwecke benennen, doch kommen einige besonders häufig vor bzw. lassen sich die meisten von ihnen einem der folgenden Zwecke zuordnen (vgl. auch Balzer 2005: 191 ff., Stockmann 2007: 36 ff.):

1. Verbesserung und Optimierung (z. B. soll ein Internetauftritt oder eine Bildungsmaßnahme verbessert werden)
2. Entscheidungsfindung (z. B. soll entschieden werden, welche Software in einem Unternehmen implementiert wird)
3. Rechenschaftslegung (z. B. soll für die Arbeitsagentur der Nachweis erbracht werden, dass ein Online-Training für Arbeitslose erfolgreich war)
4. Erkenntnisgenerierung (z. B. soll die Evaluation eines Modellprojekts zur Förderung von hochbegabten Schülern/innen Erkenntnisse für spätere ähnliche Projekte liefern)

Es wird deutlich, dass sich die Evaluationszwecke nicht immer trennscharf voneinander abgrenzen lassen und man muss bedenken, dass sie bei unterschiedlichen Akteuren sogar variieren können. Während etwa aus Sicht des Geldgebers die Frage geklärt werden soll, ob der Gegenstand weiter finanziert werden sollte, kann für die Beteiligten am Gegenstand die Verbesserung im Vordergrund stehen. Um späteren Konflikten vorzubeugen, empfiehlt es sich deshalb, möglichst frühzeitig zu klären, welche Stakeholder welche Zwecke mit der geplanten Evaluation verfolgen (vgl. auch Nützlichkeitsstandard 1).

Sind die Zwecke fixiert, müssen die Evaluatoren im nächsten Schritt konkrete Fragestellungen formulieren, die mit der Evaluation beantwortet werden sollen.

Einige hilfreiche Leitfragen zur Generierung solcher Fragestellungen liefern z.B. Beywl u. a.[6] (2007: 28):

- Welche größten Unsicherheiten gab es bei der Maßnahmenkonzeption? Wo sind kritische Punkte bei der Durchführung zu erwarten?
- Welche Zielerreichung ist zentral für den Erfolg des Evaluationsgegenstandes?
- Mit welchen Ergebnissen kann den Financiers am deutlichsten gezeigt werden, dass die Mittelverwendung zweckgemäß war?

So haben wir es gemacht

Bei unserer Evaluation handelte es sich um eine interne Evaluation. Nach Diskussion in unserer Arbeitsgruppe haben wir als Evaluationszweck die Optimierung des Veranstaltungskonzeptes festgelegt. Die handlungsleitende, übergeordnete Fragestellung lautete: Wie lässt sich die Lehrveranstaltung optimieren, so dass für unterschiedliche Typen von Studierenden optimales Lernen ermöglicht werden kann? Diese allgemeine Fragestellung haben wir in zehn Fragen konkretisiert:

1. Wie beurteilen die Studierenden die verschiedenen Bestandteile der Lehrveranstaltung (Vorlesung, Übung und Tutorium)?
2. Sind unterschiedliche Teilnahmetypen identifizierbar und bewerten diese die Veranstaltung unterschiedlich?
3. Wie wird das in die Veranstaltung integrierte Übungsprojekt bewertet?
4. Wie erarbeiten sich die Studierenden den Stoff der Vorlesung (Lernformen, verwendetes Material, selbstorganisierte Arbeitsgruppen)?
5. In welcher Beziehung stehen Teilnahmetypen und schulisches Vorwissen?
6. Welche Gefühle haben die Teilnehmer/-innen gegenüber der Veranstaltung und dem Lehrstoff »Statistik« und wie beeinflussen diese die Bewertung?
7. Welche Verbesserungswünsche und Anregungen haben die Studierenden für die Veranstaltung?
8. Wie groß ist der subjektive Lernerfolg der Studierenden und welche Beziehungen bestehen zur Bewertung?
9. Ist der subjektive Lernerfolg bei den regelmäßig am Tutorium teilnehmenden Studierenden größer?
10. Wird die Veranstaltung von den am Tutorium Teilnehmenden besser bewertet?

---

[6] Eine gute Checkliste zur Gewinnung und Bewertung von Fragestellungen findet sich auch im Internet: www.univation.org/download/Checkliste_Fragestellungen_beywl.pdf

Evaluationsdesign planen

> *Durchführungsstandard 1: Angemessene Verfahren*
> Evaluationsverfahren, einschließlich der Verfahren zur Beschaffung notwendiger Informationen, sollen so gewählt werden, dass Belastungen des Evaluationsgegenstandes bzw. der Beteiligten und Betroffenen in einem angemessenen Verhältnis zum erwarteten Nutzen der Evaluation stehen.

Als Ergebnis des nun anstehenden Planungsschrittes liegt optimalerweise ein Evaluationsplan vor, der beschreibt, welche Fragestellungen mit welchen Erhebungsmethoden bearbeitet werden. Es ist also zu überlegen, welche Daten mit einer Online-Befragung erhoben werden können, wobei natürlich der Grundsatz gilt, dass die Fragestellungen die Erhebungsmethoden bestimmen und nicht umgekehrt, d. h. der alleinige Wunsch, unbedingt eine Online-Evaluation durchführen zu wollen, reicht nicht als Begründung für diese Methodenwahl aus (vgl. Ritter/Sue 2007: 18).

Ganz allgemein helfen die folgenden Leitfragen, die Eignung von Erhebungsmethoden zu überprüfen:

- Mit welchen Daten lassen sich die Fragestellungen der Evaluation beantworten?
- Welche Voraussetzungen sind für den Einsatz der Methode gegeben (z. B. Vorerfahrung, Offenheit und Engagement der Akteure oder auch Zugang zum Feld)?
- Welche Methodenkompetenzen haben die Evaluatoren?[7]
- Welche personellen und zeitlichen Ressourcen sind für Erhebung, Aufbereitung und Auswertung der Daten notwendig?

Für die Eignung von Online-Befragungen sollte man zusätzlich auch folgende Aspekte berücksichtigen:

- Haben die Adressaten einen Zugang zum Internet?
- Wie vertraut sind sie im Umgang mit dem Internet?
- Inwieweit ist während der Beantwortung der zu stellenden Fragen eine Kommunikation mit den zu Befragenden notwendig?

---

7 Es hat bspw. keinen Sinn, umfangreiche, standardisierte Daten zu erheben, um elaborierte statistische Auswertungen durchführen zu können, wenn die Evaluatoren kein Know-How besitzen, um solche Daten auszuwerten. An dieser Stelle sei der Hinweis gestattet, dass wir in diesem Buch Erhebungs- und Auswertungsmethoden vorstellen, die leicht nachzuvollziehen und somit leicht selbst durchgeführt werden können.

Zur Planung des Evaluationsdesigns gehört zudem die Erstellung eines Zeitplans für die Evaluation. Wer keine Erfahrung mit Online-Erhebungen besitzt, sollte dabei mehr Arbeitszeit für die Einarbeitung in die dafür notwendige Software einrechnen, gleichzeitig kann man deutlich weniger Zeit für die Datenerhebung veranschlagen (vgl. Ritter/Sue 2007: 18).

Software für die Online-Befragung auswählen

Für eine internetgestützte Befragung im Rahmen von Evaluation können vier verschiedene Varianten der Durchführung unterschieden werden.[8] Jede Variante setzt die Verwendung unterschiedlicher Software[9] voraus – beim Evaluationsteam für die Erstellung eines Fragebogens, bei den Befragten für das Ausfüllen:

Variante	benötigte Software Evaluationsteam	benötigte Software Befragte
1. Einfache E-Mail-Befragung	E-Mail-Programm ggf. Textverarbeitung	E-Mail-Programm ggf. Textverarbeitung
2. E-Mail-Befragung mit Formular-Anhang	E-Mail-Programm Textverarbeitung bzw. Adobe Acrobat	E-Mail-Programm Textverarbeitung bzw. Acrobat Reader
3. Online-Fragebogen, Einzelantworten per E-Mail	Browser, Webseitengenerator, FTP-Programm	Browser
4. Online-Fragebogen, Antworten per Datenbank	Browser, ggf. Fragebogengenerator	Browser

Tab. 1: Varianten der Online-Befragungen

Im Folgenden widmen wir uns hauptsächlich der vierten Variante, da sie heutzutage sicherlich am weitesten verbreitet ist und vor allem die umfangreichsten und interessantesten Möglichkeiten bietet. Auch wir haben in unserer Evaluationsstudie auf diese Variante zurückgegriffen. Zunächst sollen allerdings die anderen Varianten überblicksartig vorgestellt werden, um besser entscheiden zu können, welche Variante sich für welches Evaluationsvorhaben eignet.

---

8 Andere Klassifizierungen sind natürlich denkbar, bspw. unterscheiden (Welker u.a. 2005) Auswahlmechanismus, Verbreitungsweg (per E-Mail oder nur im WWW) und Format (reiner Text ASCII, formatierter Text HTML, dynamische Elemente).

9 Bei den in diesem Buch verwendeten Softwarebezeichnungen (Adobe Acrobat, Adobe Reader, Microsoft InfoPath, Excel, Word, MAXQDA, SPSS, SYSTAT, MYSTAT) handelt es sich um gesetzlich geschützte Markennamen.

Variante 1: Einfache E-Mail-Befragung

Die einfachste Möglichkeit, das Internet für eine Befragung zu nutzen, besteht darin, eine E-Mail mit den entsprechenden Fragen an die Adressaten zu senden. Die Befragten klicken in ihrem E-Mail-Programm auf »Antworten« und können ihre Antworttexte unter der jeweiligen Frage platzieren. Alternativ kann man die Fragen auch in einer Datei als E-Mail-Anhang senden, wobei man auf das verbreitete Rich Text Format (RTF) zurückgreifen sollte, das von nahezu allen Textverarbeitungsprogrammen gelesen werden kann. Die Befragten können ihre Antworten in die angehängte Datei unter die jeweiligen Fragen eintippen und müssen diese Datei anschließend per E-Mail-Anhang an den Absender zurückschicken.

Die Vorteile der einfachen E-Mail-Befragung liegen auf der Hand: Sie ist mit sehr geringem Aufwand umzusetzen und bedarf nur eines Programms zur Textverarbeitung und eines E-Mail-Programms, die heutzutage (fast) jeder bedienen kann. Variante 1 stellt also insbesondere eine niedrigschwellige Möglichkeit der Online-Befragung dar.

Mit dieser Variante sind jedoch auch mehrere Nachteile verbunden: Die Befragten können bspw. Antwortvorgaben umformulieren oder beliebig ergänzen und es existieren keine Plausibilitätskontrollen der eingegeben Daten. Darüber hinaus müssen die Antworttexte der einzelnen Befragten aufwändig per Hand extrahiert und in einer Datei zusammengeführt werden. Und schließlich sind die Befragten durch das Zurücksenden der E-Mail eindeutig identifizierbar, so dass diese Variante nur für Evaluationen geeignet ist, bei denen die Anonymität nicht gewahrt werden muss.

Variante 2: E-Mail-Befragung mit Formular-Anhang

Variante 2 entspricht einer Erweiterung von Variante 1. Der als E-Mail-Anhang versendete Fragebogen wird mit Formular-Feldern versehen, so dass die Probanden ihre Antworten nur in vorgesehene, meist grau hinterlegte Felder eingeben können und der Fragen- und Anweisungstext nicht verändert werden kann. Derartige Dateien können unter anderem mit üblichen Textverarbeitungsprogrammen erstellt werden. Über eine eigene Symbolleiste (vgl. Abb. 1) lassen sich bspw. in Word drei verschiedene Antwortformate erzeugen:

- Textfelder für Antworten auf offene Fragen
- Kontrollkästchen zum Ankreuzen wie in einem Papierfragebogen
- aufklappbare Auswahllisten (»Drop-Down«)

Bereits nach kurzer Einarbeitungszeit lässt sich mit Word ein einfacher Fragebogen mit Formularfeldern gestalten, der verschiedene Vorteile mit sich bringt. So kann die maximale Länge eines Textfeldes festgelegt werden, die Auswahllisten können Platz sparen und der Fragebogen lässt sich ansprechender gestalten. Folglich ist die

Verwendung von Formular-Anhängen sehr vorteilhaft für standardisierte Daten. Mit einfachen Mitteln lässt sich allerdings nicht verhindern, dass die Befragten zwei Kreuze bei einer Frage setzen, obwohl keine Mehrfachantworten gewünscht sind. Nur wer die Erstellung von Makros beherrscht, kann Plausibilitätskontrollen und andere Features in den Fragebogen integrieren, wobei man jedoch bedenken sollte, dass die Befragten Makros aus Sicherheitsgründen häufig deaktivieren.

Abb. 1: Formular-Symbolleiste in Microsoft Word 2003

Aufwändigere Fragebögen können mit dem Formularassistenten von Adobe Acrobat, einer kostenpflichtigen Software zur Erstellung von PDF-Dateien, erzeugt werden.[10] Acrobat bietet drei Möglichkeiten an: Erstens kann man vorhandene Papierfragebögen einscannen und in ein Formular umwandeln lassen, zweitens kann eine vorhandene Datei in eine Formulardatei umgewandelt werden und drittens lassen sich komplett neue Formulare erstellen. Nach einer etwas längeren Einarbeitungszeit als bei Word notwendig ist, kann man mit Acrobat Formulare produzieren, die sich z. B. dynamisch an die Eingaben des Probanden anpassen. Die so erstellten Bögen liegen im PDF-Format vor und können von den Probanden mit dem kostenlosen und weit verbreiteten Adobe Reader ausgefüllt werden.

Im Vergleich zu Variante 1 gewinnt man durch den Einsatz von Formular-Fragebögen unter anderem an Kontrollmöglichkeiten und Praktikabilität für die Befragten, die meisten Nachteile dieser Variante bleiben jedoch bestehen, insbesondere ist auch hier die Anonymität nicht gewährleistet.

Variante 3: Online-Fragebogen, Einzelantworten per E-Mail

Die dritte Variante erlaubt hingegen, die Anonymität der Befragten aufrecht zu erhalten. Und zwar öffnen die Befragten einen im Internet bereit gestellten Fragebogen und geben ihre Antworten per Internetbrowser ein, wie sie es heutzutage von vielen Webseiten bspw. von Kontaktformularen gewöhnt sind. Die Antworttexte werden nach dem Klick auf den »Absenden-Knopf« per E-Mail an das Evaluationsteam gesandt. Der Fragebogen lässt sich mit einfach zu bedienenden Editoren für Webseiten (z. B. mit dem kostenlosen KompoZer) und sogar mit Word erstellen und im HTML-Format für das Internet abspeichern. Allerdings sind sowohl für die Bereitstellung dieser HTML-Datei ins Internet als auch für die automatische

---

10 Es gibt neben Word und Acrobat weitere Programme, mit denen Formular-Anhänge erstellt werden können, z. B. Mircosoft InfoPath. Diese Programme sind jedoch nicht so weit verbreitet, bzw. ist ihre Technologie nur für eine bestimmte Zielgruppe konzipiert.

Versendung der Antworten per E-Mail technische Kenntnisse erforderlich, die deutlich über das Durchschnittsmaß hinausgehen. Zu den weiteren Nachteilen dieser Lösung zählt, dass jemand den Fragebogen beliebig oft ausfüllen kann, weil keine einfachen Kontrollmechanismen bereitstehen, um dies zu verhindern.

Zwar ließen sich für Variante 3 auch sehr aufwändige Fragebögen mit dynamischen Elementen wie bspw. Filterführungen generieren, doch ist dieser Aufwand kaum gerechtfertigt, weil ein wesentliches Problem bestehen bleibt: Die Daten werden nicht zentral gespeichert, sondern müssen auch hier aus einzelnen E-Mails in Auswertungsprogramme übertragen werden. Insgesamt betrachtet ist diese Lösung sehr aufwändig im Verhältnis zum Nutzen – insbesondere im Verhältnis zur deutlich ertragreicheren, vierten Variante.

Variante 4: Online-Fragebogen, Antworten per Datenbank

Auch bei Variante 4 wird im Internet ein Online-Fragebogen zum Ausfüllen bereitgestellt, doch das Entscheidende ist, dass die Antworttexte der Befragten nicht per E-Mail beim Evaluationsteam eintreffen, sondern zentral in einer Datenbank gespeichert werden. Die Datenbank liegt auf dem gleichen Computer im Internet (Server), auf dem auch der Fragebogen bereitgestellt wird. Wäre also ein Fragebogen bspw. auf www.e-valuation.de eingestellt, so werden auch die Antworten in einer Datenbank auf www.e-valuation.de gespeichert. Die Antworten der Befragten werden wie in den meisten Statistikprogrammen in einer Tabelle erfasst, in der jede Zeile einen Fall repräsentiert. Der Vorteil dieser Variante ist somit offenkundig: Die aufwändige Übertragung der Daten in Analyseprogramme entfällt und kann leicht bewältigt werden, indem die Tabelle aus der Datenbank mit wenigen Mausklicks exportiert wird. Die Datentabelle lässt sich in der Regel sogar direkt per Browser anschauen und editieren, z.B. um unvollständige Antwortdatensätze zu löschen. Wie auch für Variante 3 gilt, dass deutlich mehr Gestaltungsmöglichkeiten in Form, Farbe und Funktionalität für den Online-Fragebogen zur Verfügung stehen.

Für die Umsetzung der vierten Variante kann man aus unzähligen Softwarepaketen von zahlreichen Anbietern auswählen, die man ohne HTML- oder Programmierkenntnisse bedienen kann. Hinsichtlich der Erstellung des Fragebogens werden zwei Softwaretypen unterschieden. Beim ersten (häufigeren) Typ geschieht die Fragebogenerstellung vollständig im Internet und wird über einen Browser gesteuert, beim zweiten Typ muss man zunächst eine Software aus dem Internet herunterladen und auf einem lokalen Rechner installieren. Zwischen den beiden Typen besteht außer dem Ort der Fragebogenerstellung kein weiterer relevanter Unterschied. Bei beiden Lösungen steht am Ende ein Online-Fragebogen im Internet bereit, der von den Befragten per Browser ausgefüllt werden kann. Die lokale Softwareinstallation hat lediglich den Vorteil, dass während der Erstellung des Fragebogens keine permanente Verbindung mit dem Internet bestehen muss, was früher hilfreich bei langsamen Internetverbindungen war, heutzutage aber nur für »unterwegs mit dem Notebook« von Interesse sein dürfte. Nachteilig an der lokalen Fragebogenerstellung ist, dass diese nur ortsgebunden auf einem Rechner durchgeführt werden kann, sofern man die Software nicht auf mehreren Rechnern parallel installieren kann.

In der folgenden Tabelle sind gängige, deutschsprachige Softwaretools zur Durchführung von Online-Befragungen gelistet.[11]

Softwaretools, Erstellung des Fragebogens online		
2ask	2ask.net	kostenloser, funktionsreduzierter 30 Tage Tarif
Der Befrager	befrager.de	kostenloses Tool mit einfachen Grundfunktionen
eRes	webserver.psycho.unibas.ch	für Online-Befragungen und Online-Experimente nur für Non-Profit-Organisationen, kostenlos
Fragebogen-Tool	fragebogen-tool.de	kostenloses Tool mit einfachen Grundfunktionen
Globalpark	globalpark.de	besondere Konditionen für Hochschulen unter unipark.de
make a Questionnaire	maq-online.de	kostenloses Tool mit einfachen Grundfunktionen
onlineFragebogen	ofb.msd-media.de	kostenlos für wissenschaftliche Befragungen
polliscope	polliscope.de	preiswerte Angebote für Studierende
Softwaretools, Erstellung des Fragebogens lokal		
EvaSys	evasys.de	Softwarepaket mit Offline- und Online-Funktionen, hauptsächlich für die Lehrevaluation in Schule, Hochschulen und Weiterbildung
Grafstat	grafstat.de	ursprünglich für »Papier-Umfragen« konzipiert, um Online-Funktionalitäten erweitert, kostenfrei für öffentliche Bildungseinrichtungen
Rogator	rogator.de	kostenlose Variante für akademische Befragungen unter rogcampus.de
Zensus	blubbsoft.de	Softwarepaket mit Offline- und Online-Funktionen, hauptsächlich für universitäre zentrale Lehrevaluation entwickelt

Tab. 2: Gängige Softwaretools für Online-Befragungen

---

11 Die Tabelle erhebt keinen Anspruch auf Vollständigkeit. Weitere Übersichten findet man auf den Webseiten des Zentrums für Umfragen und Methoden, Mannheim (ZUMA) oder des Portals Web Survey Methodology. Die Internetadressen finden sich auf S. 123.

Wie findet man nun aus der (sich ständig ändernden) Fülle an Angeboten das für die geplante Evaluation am besten geeignete Angebot? Kaczmirek (2004) empfiehlt, sich zunächst den eigenen Bedarf vor Augen zu führen, sich also noch einmal das Design der geplanten Evaluation zu verdeutlichen: Muss die Befragung möglichst kurzfristig durchgeführt werden? Soll die Umfrage einmalig oder mehrmals stattfinden? Wie viele Adressaten sollen angesprochen werden, 100 oder 1.000 und mehr? Reichen Standardfragen aus, wie man sie von Papierfragebögen kennt, oder benötigt man komplexe, dynamische Frage- und Antwortformate, wie z.B. rasterlos verschiebbare Thermometer mit einer Skala von 1 bis 100? Und wie viel Zeit steht für die Einarbeitung in die Software zur Verfügung?

Auch wenn durch die Beantwortung dieser Fragen der Kreis der zur Auswahl stehenden Software überschaubarer wird, so lässt sich die umfangreiche Funktionspalette aktueller Software nur erahnen. Im Folgenden haben wir deshalb die wichtigsten Kriterien zusammengestellt, die bei der Entscheidung für oder gegen ein Befragungstool herangezogen werden können (vgl. auch Kaczmirek 2004, Ritter/Sue 2007: 18-22).

Fragetypen und Antworttypen. Mit allen Softwaretools können Standardfragen wie Ankreuzfragen mit oder ohne Mehrfachantworten, Freitextfelder und Auswahllisten umgesetzt werden. Die meisten Tools sehen auch die Möglichkeit zur Überprüfung der eingegeben Daten vor, z.B. ob ein Pflichtfeld ausgefüllt wurde oder ob ein Datum korrekt eingegeben wurde. Nur einige Tools offerieren auch Polaritätsprofile/semantische Differentiale, Ranglisten (z.B. Listen mit der Maus durch Klicken- und-Ziehen nach Wichtigkeit sortieren) oder Anteilsfragen (z.B. welche Kriterien zu wie viel Prozent für eine Kaufentscheidung bedeutsam waren). Weitere wichtige Fragen sind zudem: Existieren Vorlagen zu Fragen, können z.B. Fragen nach sozialstatistischen Angaben mit einem Klick eingefügt werden? Lassen sich die Antwortformate an die eigenen Bedürfnisse anpassen, kann man bestehende Antwortformate um die Kategorie »keine Antwort« oder »weiß nicht« ergänzen? Können Fragen bzw. Antworttypen aus einem erstellten Online-Fragebogen exportiert und in andere Umfragen importiert werden?

Layout. Für ein reliables Messergebnis ist wichtig, dass der Fragebogen in unterschiedlichen Browsern und bei unterschiedlichen Auflösungen gleich angezeigt wird. Viele Anbieter werben auch damit, dass sie barrierefreien Code erzeugen, also der Fragebogen unabhängig von körperlichen und/oder technischen Möglichkeiten uneingeschränkt ausgefüllt werden kann. Entscheidend ist auch, ob die Abstände zwischen zwei Antwortkategorien gleich groß dargestellt werden. Können Grafiken und Videos eingebunden werden, lässt sich bspw. für Produktevaluationen ein Bild des Produktes neben einer Bewertungsfrage platzieren? Schließlich ist bedeutsam, ob der Fragebogen im eigenen Corporate Design dargestellt werden kann.

Aufbau und Gestaltung. Es lassen sich drei Anzeigemöglichkeiten unterscheiden: jede Frage auf einer neuen Seite, mehrere Fragen auf mehreren Seiten, alle Fragen auf einer Seite. Sieht die Software alle Anzeigevarianten vor? Sind Filterführungen möglich, so dass die Probanden nur die für sie relevanten Fragen präsentiert bekommen? Ist eine zufallsgesteuerte Auswahl und Reihenfolge von Fragen möglich? Lässt sich eine Fortschrittsanzeige anzeigen? Kann man im Online-Fragebogen vorwärts und rückwärts blättern?

Probandenverwaltung. Die Probandenverwaltung dient dazu, die Befragung von Personengruppen zu steuern, z.B. die Befragung von Seminarteilnehmenden im Rahmen einer Evaluation. Folgende Fragen sollte man beachten: Lässt sich verhindern, dass eine Person den Fragebogen mehrfach ausfüllt? Können die Probanden per Knopfdruck via E-Mail eingeladen werden? Ist ein Import von E-Mail-Listen möglich oder müssen die Adressaten der Befragung mühselig eingetippt werden? Erlaubt die Software, Erinnerungsmails an Befragte zu versenden, die noch nicht geantwortet haben? Und ganz besonders wichtig: Inwieweit berücksichtigt die Software bei der Probandenverwaltung die Anonymität? Sind Panelbefragungen realisierbar, können also die gleichen Teilnehmenden zu einem späteren Zeitpunkt erneut befragt werden? Können die Probanden ihre Antworten zwischenspeichern und die Umfrage später fortsetzen?

Auswertungsfunktionen. Die Mehrzahl der Tools informiert während und nach einer Befragung über die Rücklaufquote, die Anzahl der Abbrecher oder auch über Fragen, die nur von wenigen Personen ausgefüllt wurden. Außerdem können häufig im Anschluss, bei einigen Tools auch bei laufender Befragung Häufigkeitstabellen und Auswertungsgrafiken angezeigt werden.

Import und Export. Es muss unbedingt auf einen reibungslosen Austausch von Daten zwischen den unterschiedlichen Programmen geachtet werden: Einige Tools bieten an, vorhandene Fragebögen, die als Datei vorliegen, einzulesen und zu importieren. Bezüglich des Exports muss darauf geachtet werden, dass die ausgewählte Software Daten in einem Format exportieren kann, das von den bevorzugten Auswertungsprogrammen gelesen werden kann. Die meisten Softwaretools bieten universale Austauschformate wie CSV oder TXT an, der Großteil der Tools sieht auch spezielle Datenexporte für Excel oder SPSS vor.

Kosten. Ein Vergleich von Preisen ist in jedem Fall lohnenswert, denn die verschiedenen Tools unterscheiden sich stark hinsichtlich ihrer Preis-/Leistungsverhältnisse. So changieren die Preise für die Durchführung einer Online-Erhebung gleichen Umfangs von kostenlos bis zu mehreren Hundert Euro. Die Kosten berechnen sich bei den Anbietern unterschiedlich, aber in der Regel werden folgende Kriterien herangezogen: Dauer der Umfrage, Anzahl der Fragen, Anzahl der Befragten und mögliche Zusatzfunktionen, wie z.B. Filterfragen, personalisierte E-Mails und

Probandenverwaltung. Prinzipiell kann man davon ausgehen, dass man bei bezahlpflichtigen Anbietern innovativere Elemente, höheren Bedienkomfort, einen größeren Funktionsumfang und wahrscheinlich auch höhere Datensicherheit einkauft. Viele Anbieter sehen Sonderkonditionen für bestimmte Berufsgruppen und Institutionen vor, z.B. für Bedienstete von Universitäten oder Bildungseinrichtungen.

Demoversion, Benutzerfreundlichkeit und Lernaufwand. Die meisten Tools lassen sich kostenfrei testen. Von diesen Möglichkeiten sollte man unbedingt Gebrauch machen, um einen Blick auf die angebotene Funktionalität der Software zu werfen, insbesondere aber auch um abschätzen zu können, wie hoch Benutzerfreundlichkeit und Lernaufwand der Software sind: Sind die Menüs verständlich strukturiert? Stehen *Hilfe, Bedienungsanleitung* und *Support* zur Verfügung?

Datensicherheit. Der Datensicherheit gebührt im Rahmen von Online-Befragungen erhöhte Aufmerksamkeit. Sowohl der E-Mail-Verkehr als auch die eingegebenen Daten der Befragten passieren zahlreiche Computer im Internet und die erhobenen und ggf. sensiblen Daten liegen nicht auf der eigenen Festplatte, sondern auf einem passwortgeschützten Internetserver. Im Vergleich zu Papierfragebögen, die maximal den Weg mit der Post auf sich nehmen, sind also deutlich mehr Angriffsflächen vorhanden. Deshalb sollten folgende Fragen berücksichtigt werden: Welche Angaben finden sich in den Allgemeinen Geschäftsbedingungen bezüglich Datensicherheit, Datenschutz und Haftung? Sieht der Anbieter sichere SSL-Verbindungen für die Übertragung der Antworten vor? Welche Backupfunktionen stehen zur Verfügung?

Medienwechsel. Nicht immer ist es möglich, eine reine Online-Befragung durchzuführen. Deshalb sehen einige Softwaretools auch vor, Online- und Papierdaten miteinander zu kombinieren. Der Fragebogen lässt sich bspw. ausdrucken und die Daten können per Hand eingegeben werden.

Mehrbenutzerfähigkeit. Können mehrere Benutzer gleichzeitig mit der Software bzw. an der gleichen Erhebung arbeiten? Lassen sich für jeden User verschiedene Rechte vergeben, so dass z.B. Stakeholder zwar die Daten online betrachten, aber nicht verändern können.

Internetadresse des Online-Fragebogens. Bei offenen Befragungen, die z.B. auf Newslettern oder Diskussionslisten beworben werden, rückt auch die Internetadresse des Fragebogens in den Vordergrund. Eine Adresse, wie etwa meinehome.de/~kxiqsy, schmälert vermutlich das Vertrauen der Befragten in die Seriosität und Ernsthaftigkeit der Erhebung. Neben der Seriosität sollte auch darauf geachtet werden, dass die Internetadresse eher kurz, leicht zu merken und damit leicht einzugeben ist.

Variante 4 als Eigeninstallation

Die in Tab. 2 aufgeführten Softwaretools für die Umsetzung von Variante 4 haben gemeinsam, dass sie von einem Serviceanbieter bereitgestellt werden. Es gibt jedoch auch die Möglichkeit, Softwaretools auf dem eigenen Internetserver selbst zu installieren. Das derzeit bekannteste Tool ist das deutschsprachige LimeSurvey (www.limesurvey.org), an dem zahlreiche Entwickler mitarbeiten. Ebenfalls aus Deutschland stammt OpenSurveyPilot (www.opensurveypilot.org), das allerdings von einer Einzelperson entwickelt wurde und seit längerem kein Update erfahren hat. Beide Tools sind OpenSource, d.h. sie stehen kostenlos zur Verfügung. Sie basieren beide auf der Skriptsprache PHP und setzen einen Web-Speicherplatz voraus, der MySQL-Datenbanken ansprechen kann. Derartiger Speicherplatz gehört heute bei fast allen Internetdienstleistern zum Standardprogramm, allerdings sollte man beachten, dass hauseigene Dienstleister wie Hochschulrechenzentren nicht immer die notwendigen Voraussetzungen für eine entsprechende Installation bieten. Für die Installation benötigt man zwar keine einschlägigen Programmierkenntnisse, allerdings müssen Dateien per FTP auf den eigenen Internetserver übertragen und für den Datenbankzugriff konfiguriert werden.

Die Eigeninstallation eines Softwaretools setzt also deutlich höhere technische Kompetenzen voraus als der Rückgriff auf ein Tool, das von einem Serviceanbieter bereitgestellt wird. Allerdings ist nur die Installation mit einer kleinen Hürde verbunden. Für die Bedienung von selbst installierten Tools sind nach kurzer Einarbeitungszeit einfache Computerkenntnisse, wie sie auch für die Bedienung von Textverarbeitungsprogrammen nötig sind, völlig ausreichend. Der Lohn für die Mühen der eigenhändigen Installation ist eine vollständige Unabhängigkeit von kommerziellen Anbietern: Es können über jeden beliebigen Zeitraum unbegrenzt viele Befragungen mit beliebig vielen Probanden durchgeführt werden, ohne dass dafür besondere Gebühren (außer der Miete für den Internetserver) anfallen. Darüber hinaus bietet bspw. LimeSurvey zahlreiche Einstellungsoptionen und es können Vorlagen für das Erscheinungsbild der Online-Fragebögen erstellt werden. Freie Softwaretools wie LimeSurvey sind darüber hinaus mehrbenutzerfähig und sehen eine umfangreiche Rechteverteilung vor, die es ermöglicht im Evaluationsteam gemeinsam an der gleichen Online-Befragung zu arbeiten.

Eigeninstallationen bieten schließlich den Vorteil, dass sie durch zusätzliche Programmierungen erweitert werden können (vgl. Kaczmirek 2004). So können bspw. komplexe experimentelle Designs umgesetzt oder spezielle dynamische Grafiken implementiert werden (etwa Fragen, bei denen die Befragten sich und die Personen ihres sozialen Netzwerkes grafisch in Beziehung setzen müssen). Bei Online-Befragungen wird schnell auch der Wunsch nach Daten wach, die das Ausfüllen des Fragebogens selbst betreffen. Hierzu zählen etwa Reaktionszeiten, Mausbewegungen oder Klicksequenzen. Diese Möglichkeiten gehen jedoch weit über den Bedarf üblicher Evaluationen hinaus.

So haben wir es gemacht

Da ein Kollege in unserem Evaluationsteam die technischen Kompetenzen für eine Eigeninstallation mitbrachte und ein entsprechender Internet-Speicherplatz zur Verfügung stand, haben wir uns für das freie und kostenlose Softwaretool LimeSurvey entschieden. LimeSurvey ermöglichte uns bspw., dass alle Mitglieder des Forscherteams den Fragebogen bearbeiten, ergänzen und korrigieren konnten und dabei stets an der aktuellsten Version arbeiteten. Weiterhin wurde die Verwaltung der Probanden sowie die Abwicklung der eigentlichen Erhebung enorm vereinfacht. Und schließlich hatten alle beteiligten Evaluatoren unmittelbar Zugriff auf die Antwortdaten und erste Häufigkeitsauswertungen.

Für die Analyse der quantitativen Daten haben wir uns für das Softwarepaket SYSTAT entschieden, das der Bedienung von SPSS ähnelt und ansprechende Grafiken und Tabellen erzeugt. Für Lehrzwecke ist außerdem eine kostenlose Variante namens MYSTAT verfügbar.

Für die qualitativen Analysen haben wir auf das Programm MAXQDA zurückgegriffen, mit dem wir bereits umfangreiche Erfahrungen gesammelt haben. Darüber hinaus ist es unserer Erfahrung nach sehr leicht erlernbar und bedienbar. Vor allem stellt es aber zwei wichtige Funktionen für Mixed Methods Online-Befragungen bereit: Erstens können strukturierte Texte automatisch eingelesen und dabei bereits Auswertungskategorien zugeordnet werden. Zweitens bietet es zahlreiche Funktionen, um qualitative und quantitative Auswertungen miteinander zu verbinden.

Vertiefende Literatur

Beywl, Wolfgang; Kehr, Jochen; Mäder, Susanne; Niestroj, Melanie (2007): Evaluation Schritt für Schritt: Planung von Evaluationen. Heidelberg: hiba (Kap. 1, 2 und 3)

Beywl, Wolfgang; Schepp-Winter, Ellen (2000): Zielgeführte Evaluation von Programmen. Ein Leitfaden. Berlin: Bundesministerium für Familie, Senioren, Frauen und Jugend. URL: http://www.qs-kompendium.de/pdf/Qs29.pdf (Kap. 1 und 2)

Keller-Ebert, Cornelia; Kißler, Mechtilde; Schobert, Berthold (2005): Evaluation praktisch! Wirkungen überprüfen. Maßnahmen optimieren. Berichtsqualität verbessern. Heidelberg: hiba

Ritter, Lois A.; Sue, Valarie M. (2007): The Use of Online Surveys in Evaluation. New Directions for Evaluation, No. 115. San Francisco: Jossey Bass (Kap. 2)

Stockmann, Reinhard (2007): Handbuch zur Evaluation. Eine praktische Handlungsanleitung. Münster u. a.: Waxmann (Kap. 2, 5 und 6)

Welker, Martin; Werner, Andreas; Scholz, Joachim (2005): Online-Research. Markt- und Sozialforschung mit dem Internet. Heidelberg: dpunkt.verlag (Kap. 4 und 5)

3. Inhaltliche Entwicklung des Erhebungsinstruments

Wenn der Evaluationsgegenstand und die Evaluationszwecke feststehen, muss im nächsten Schritt ein geeignetes Erhebungsinstrumentarium erarbeitet werden. Bei einer Online-Befragung geht es in diesem Schritt konkret darum, die Fragestellungen der Evaluation in konkrete Fragen für ein Erhebungsinstrument zu übersetzen. Bei der Erstellung des Fragebogens ist darauf zu achten, dass dem Genauigkeitsstandard 5 genüge geleistet wird.

> *Genauigkeitsstandard 5: Valide und reliable Informationen*
> Die Verfahren zur Gewinnung von Daten sollen so gewählt oder entwickelt und dann eingesetzt werden, dass die Zuverlässigkeit der gewonnen Daten und ihre Gültigkeit bezogen auf die Beantwortung der Evaluationsfragestellungen nach fachlichen Maßstäben sichergestellt sind. Die fachlichen Maßstäbe sollen sich an den Gütekriterien quantitativer und qualitativer Sozialforschung orientieren.

Häufig beginnt dieser Prozess der Frageauswahl und -formulierung mit einem Brainstorming: Alle Ideen für Formulierungen werden gesammelt, wobei die Regel gilt, dass alle Ideen im ersten Schritt akzeptiert werden, um den kreativen Prozess nicht zu unterbrechen. Als nächstes werden diese Ideen auf ihre Tauglichkeit überprüft und zu Themengruppen zusammengefasst. Das grundlegende Kriterium ist dabei der Zweck der Evaluation: Wenn eine Frage hierfür nicht relevant erscheint, wird sie gestrichen. Dies ist deshalb wichtig, weil die offene Form des Brainstormings zwar oft zu guten Fragen führt, diese jedoch häufig außerhalb der verfolgten Fragestellungen liegen. Unserer Erfahrung nach gelingt die Fragebogenentwicklung im Team besser, denn zum einen bleiben alle wichtigen Themen im Blick und zum anderen erhöht sich die Güte der Fragen aufgrund der differenzierten Rückmeldungen und Sichtweisen der anderen Teammitglieder.

Offene und/oder geschlossene Fragen?

Bei der Datenerhebung lassen sich standardisierte (»quantitative«) und offene (»qualitative«) Fragen unterscheiden. *Standardisierte Fragen* geben zu einer gestellten

Frage vom Forscher vordefinierte Antwortmöglichkeiten und werden statistisch ausgewertet. Sie eignen sich besonders, wenn bspw. über den Evaluationsgegenstand bereits viel bekannt ist und entsprechende Antwortvorgaben gebildet werden können. *Offene Fragen* geben keine Antworten vor und sollen erreichen, dass die befragte Person in eigenen Worten Stellung bezieht. Der Erkenntnisgewinn für den Forschenden ist gerade dort, wo es um Motive, Begründungen für Bewertungen, emotionale Aspekte und Verbesserungsvorschläge für den Evaluationsgegenstand geht, erheblich (vgl. Kuckartz u. a. 2008: 66 ff.), und stellt den Befragten und seine Sichtweise in das Zentrum.

Wer eine eigene Evaluationsstudie entwickeln will, steht möglicherweise vor der Frage, wann eine Frage besser offen und wann besser geschlossen gestellt werden sollte. Pauschal lässt sich dies nicht beantworten, es gibt jedoch einige Orientierungshilfen: Immer dann, wenn Probanden detailliert zu Wort kommen, erfährt man augenscheinlich mehr über deren Sprache, Deutungsmuster und subjektive Sinnzusammenhänge, als wenn lediglich einige Antwortvorgaben angeboten werden. Geschlossene Fragen mit Antwortvorgaben schränken den Befragten in seiner Antwort ein, sind aber unverzichtbar, wenn präzise Zuordnungen gewünscht sind. Eine Frage nach dem Bundesland, in dem man das Abitur gemacht hat, kann leicht mit Antwortvorgaben versehen werden. Bei der Frage nach den Gefühlslagen innerhalb einer Veranstaltung könnten Antwortvorgaben wie »ängstlich«, »enthusiastisch« oder »gelangweilt« eine möglicherweise breite und nicht im vorhinein zu antizipierende Antwortpalette verhindern. Offene Fragen stellen die Probanden und ihre Ansichten in den Mittelpunkt, erfordern mehr Zeit bei der Erhebung (für den Probanden) und bei der Auswertung (für den Evaluator/die Evaluatorin), bieten dafür aber detaillierte Einblicke und so die Chance für unerwartete Erkenntnisse.

Generierung der geschlossenen Fragen

Für die Generierung der geschlossenen Fragen in Online-Fragebögen gelten zunächst die gleichen Regeln wie für konventionelle Fragebögen, allerdings sind darüber hinaus einige Besonderheiten von internetbasierten Erhebungen unbedingt zu berücksichtigen. Die Formulierung von Fragen und Antwortvorgaben lässt sich keineswegs mit Common Sense Alltagstechniken bewältigen. Wer dies glaubt, wird unweigerliche missverständliche Fragen und Daten minderer Qualität produzieren. Auf den Regeln zur Frageformulierung von Diekmann[12] aufbauend sollte man folgende elf Punkte vor Augen haben, wenn man den Fragebogen entwickelt:

1. Denken Sie zunächst an die Adressaten Ihrer Erhebung. Welche Merkmale weisen diese auf? Welche Sprache verstehen sie?

---

12 In Anlehnung an Diekmann (2008: 479 ff.) zusammengefasste und ergänzte Darstellung.

2. Fokussieren Sie den Fragebogen auf das, was Sie wissen müssen und nicht auf das, was schön zu wissen wäre.
3. Achten Sie auf einen direkten Bezug der Fragen zum Evaluationsgegenstand.
4. Formulieren Sie die Fragen kurz, verständlich und präzise. Benutzen Sie keine Fremdworte, keine doppelten Verneinungen und keine gestelzten Formulierungen. Eine einfache Sprache wird nicht nur von allen verstanden, sondern ermöglicht den Befragten auch schnell und präzise zu antworten.
5. Jede Frage sollte so formuliert sein, dass sie von allen in gleicher Weise interpretiert wird.
6. Vermeiden Sie jede Anbiederung und verwenden Sie keine plattdeutschen oder nur in bestimmten Milieus benutzten Formulierungen.
7. Vermeiden Sie mehrdimensionale Fragen bzw. Fragen die gleichzeitig zwei Fragen beinhalten (»Lieben Sie Äpfel und Birnen?«).
8. Auf wertbesetzte Begriffe (z. B. »Gerechtigkeit«) sollte verzichtet werden.
9. Suggestive Formulierung sind zu vermeiden (z. B. »Finden Sie nicht auch, dass es in der Veranstaltung oft zu laut war?«).
10. Die Antwortkategorien sollen erschöpfend und präzise sein und sich nicht überlappen.
11. Vermeiden Sie die Folgen der bestehenden Jasage-Tendenz, indem Sie vor allem in Fragebatterien/Matrixfragen die Aussagen in unterschiedliche Richtungen polen.

Online-Befragungen unterscheiden sich erheblich von herkömmlichen Befragungen: Während Papier sprichwörtlich geduldig ist, besitzt das Internet eine Ausstrahlung der Unruhe und Ungeduld: Der eigene E-Mail-Eingang und der Web-Browser sind nur einen Klick entfernt. Eine klare und verständliche Sprache ist deshalb noch nötiger als üblicherweise. Das Internet stellt ganz andere Bedingungen als ein Printmedium. Hier möchte man keine langen Sätze lesen. Ohnehin werden Bildschirmseiten eher »gescannt« als sorgfältig gelesen. Der Reiz, etwas ganz anderes anzugucken oder zu machen ist immer gegenwärtig. Deshalb rächen sich komplizierte Sätze und unverständliche Fragen hier auch sofort. Während man es hinnimmt, auf einem gedruckten Stück Papier einen Satz auch zweimal zu lesen, wird das im Netz kaum akzeptiert. Beachtet man diese Besonderheiten nicht, steigt die Abbruchquote unweigerlich an. Ferner sind die Eigenarten der Bildschirmdarstellung bzw. des Bildschirmformats zu beachten. Eine Druckseite hat Längsformat und kann viel mehr Text aufnehmen als eine querformatige Bildschirmseite, zudem wird es nicht akzeptiert, wenn der Text die gesamte Bildschirmbreite einnimmt. Ferner muss man beachten, dass je nach benutztem Browser, vorhandenem Bildschirm und eingestellter Bildschirmauflösung der Fragebogen anders aussehen kann. In einem Papierfragebogen kann man zudem blättern, was mitunter auch in Online-Fragebögen realisiert wird, allerdings von Befragten angesichts der Schnelligkeit des Mediums wohl eher selten praktiziert wird.

Ein wesentlicher Unterschied zwischen Online-Erhebungen und herkömmlichen schriftlichen Befragungen besteht zudem darin, dass man einen Fragebogen auch mal beiseite legen kann und später das Ausfüllen fortsetzen kann. Insofern ist auch die Frustrationstoleranz höher, wenn man aktuell keine Lust mehr hat, weitere Fragen zu beantworten oder einem das Ausfüllen zu lange dauert. Bei Online-Befragungen gilt hingegen »Schluss ist Schluss« und selbst bei der nur selten implementierten Möglichkeit die Befragung zu unterbrechen und später fortzusetzen, muss man mit einem »They never come back« rechnen.

Online-Befragungen bieten allerdings auch zuvor nie gekannte Möglichkeiten der Filterführung und der Kontrolle von unlogischen und inkonsistenten Antworten. Im Vergleich zu anderen Formen selbst-administrierter Befragung besitzt man eine vollständige Kontrolle über die Sequenz der zu beantwortenden Fragen. Hier kann eben nicht im Fragebogen geblättert werden.

Generierung der offenen Fragen

Die fehlende persönliche Beziehung zwischen Interviewer und Interviewtem stellt eine Besonderheit von online durchgeführten Erhebungen dar. Die sonst üblichen Rückfragen der Befragten können in der Online-Befragung nicht individuell beantwortet werden, folglich muss bei der Gestaltung der Fragen darauf im Vorhinein besondere Rücksicht genommen werden. Auch der erhöhte Aufwand durch die schriftlichen Antworten der Probanden ist zu berücksichtigen. Eine offene Frage mit einer schriftlichen Antwort in Form mehrerer Sätze kostet die Probanden mehr Zeit als die Beantwortung einer geschlossenen Frage. Als Orientierung bei der Fragenentwicklung empfiehlt es sich, folgende Hinweise zu beachten:

1. Die Fragen sehr präzise formulieren und soweit nötig mit einigen Zusatzinformationen versehen. Dabei sollte man auch mögliche Rückfragen antizipieren, um so Probleme bei dem Verständnis der Frage zu vermeiden.
2. Es sollten nicht zu viele offene Fragen eingebaut werden, um die Probanden nicht zu überfordern. (Die gesamte Befragung sollte in unserem Fall nicht länger als 10–15 Minuten dauern, dies entsprach ungefähr der Dauer einer üblichen Papierevaluation. Eine längere Online-Befragung könnte Probanden möglicherweise abschrecken.)
3. Für eine Mischung von geschlossenen und offenen Fragen sorgen, um Abwechslung zu erzeugen. So bleibt die Bereitschaft bei den offenen Fragen ausführlich zu antworten höher.
4. Mit einer Erinnerungsfrage beginnen, um die Probanden intensiver an das folgende Thema heranzuführen.

Wichtige Aspekte der Fragebogenkonstruktion

In welcher Reihenfolge präsentiert man die einzelnen Fragen des Fragebogens? Man sollte fünf Teile vorsehen:

1. Aufwärmfrage
2. Inhaltlicher Einstieg
3. Hauptteil
4. Sozialstatistische Fragen
5. Schluss

Als erstes empfiehlt es sich, thematische Blöcke zu bilden (vgl. Diekmann 2008: 483ff., Kirchhoff u.a. 2008) und diese in eine sinnvolle Reihenfolge zu bringen. Der Fragebogen sollte mit einer Aufwärmfrage beginnen. Hierzu eignen sich vor allem solche, die leicht zu beantworten sind (vgl. Diekmann 2008: 414). Der folgende inhaltliche Einstieg sollte für die Evaluation interessieren, einfache Fragen enthalten und vor allem solche Fragen vermeiden, die den Eindruck von Identifizierungsmöglichkeit enthalten (also nicht: »Wie lange arbeiten Sie schon an Ihrem jetzigen Arbeitsplatz?«). Die wichtigsten Fragen sollten gegen Ende des ersten sowie im zweiten Drittel gestellt werden, denn dort ist die Aufmerksamkeit am höchsten (ebd.: 414). Es sollte unbedingt auf die Reihenfolge der Fragen geachtet werden. Man muss damit rechnen, dass Fragen auf nachfolgende ausstrahlen. Eine kritische Prüfung des Fragebogens hinsichtlich solch potenzieller Effekte sollte folglich routinemäßig erfolgen.

Fragen zu sozialstatistischen Daten sollten immer am Ende des Fragebogens platziert werden – sie lassen sich auch bei gesunkener Aufmerksamkeit noch leicht beantworten. Am Ende des Fragebogens sollte immer ein Abschlusstext stehen, in dem den Befragten für Ihre Mühe gedankt wird und ggf. weitere Informationen über den Fortgang der Evaluation, Feedback-Prozesse u.ä. gegeben werden. Hier ist auch die richtige Stelle, um Platz für Bemerkungen der Befragten vorzusehen.

Für Online-Erhebungen sind noch einige zusätzliche Punkte zu beachten:

Die Einladung

Von besonderer Wichtigkeit ist die gewöhnlich in Form einer E-Mail formulierte Einladung, an der Befragung teilzunehmen. In dieser E-Mail muss der Sinn und Zweck der Befragung klar gemacht wer. Die Befragten müssen überzeugt werden dass ihre Teilnahme wichtig ist und sie selbst von der Teilnahme profitieren können. Hierbei können auch Incentives (siehe den Abschnitt über Stichprobenauswahl) die Bereitschaft zur Teilnahme erhöhen. Das Anschreiben sollte auch die Zusicherung der Anonymität beinhalten und plausibel darstellen, was mit den Daten geschieht.

Die Dauer der Befragung

Online-Befragungen müssen kürzer gestaltet werden als herkömmliche Befragungen. Mehr als 15 Minuten werden normalerweise kaum akzeptiert, es sei denn die Befragten haben ein sehr hohes Eigeninteresse an der Evaluation. Die Einladungsmail sollte eine realistische Aussage über die voraussichtliche Dauer der Befragung enthalten. An dieser Stelle die voraussichtliche Zeit nach unten zu korrigieren, bringt keinerlei Vorteile mit sich, sondern führt nur zu vermehrten Abbrüchen und damit zu fehlenden Werten ausgerechnet bei den sozialstatistischen Daten, die herkömmlicherweise am Ende des Fragebogens platziert werden.

Bei Online-Befragungen ist es für Teilnehmende sehr leicht, die Befragung abzubrechen. Eine Fortschrittsanzeige, die visualisiert, wie viele Fragen noch folgen und wie viele man schon bewältigt hat, kann hier eine positive Wirkung haben. Die Befragten haben schließlich Zeit in das Ausfüllen des Fragebogens investiert und ein Abbruch bedeutet ja auch für sie selbst das Eingeständnis, dass sie ihre Zeit verschwendet haben. Eine realistische Fortschrittsanzeige ist hier geeignet, den Durchhaltewillen zu stärken.

Layout

In kaum einem Medium spielen heute Layout und Gestaltung eine solche Rolle wie im Internet. Man ist es gewohnt hier mit perfektem Design konfrontiert zu werden und hat einen geschulten Blick für Dilettantismus. Online-Evaluatoren müssen deshalb auf eine professionell erscheinende Präsentation achten und Tippfehler und Layoutfehler unbedingt vermeiden. Man sollte aber auf jeglichen Schnickschnack wie etwa farbige Schriften und überflüssige Grafikelemente verzichten.

Pretest

Aufgrund der dargestellten Besonderheiten und des erhöhten Abbruchrisikos von Online-Erhebungen ist ein Pretest des Fragebogens noch notwendiger als bei herkömmlichen Befragungen. Da es anders als bei papierbasierten Erhebungen nur bei wenigen Tools möglich ist, Randbemerkungen neben die Fragen zu schreiben, sollte zumindest am Ende des Pretest-Fragebogens ausreichend Platz vorgesehen werden, damit die Befragten die Gelegenheit haben, Fragen oder Antwortvorgaben zu kommentieren.

So haben wir es gemacht

Wir haben uns bei der Entwicklung unseres Erhebungsinstruments zunächst die Rahmenbedingungen vor Augen geführt, die es zu berücksichtigen galt: Der Interviewleitfaden mit offenen Fragen aus der Evaluation des Vorjahrs sollte in großen Teilen übernommen werden, um später vergleichen zu können, wie die

Studierenden online und wie im persönlichen Gespräch antworten. Dabei sollten die Fragen für die Online-Befragung so umformuliert, dass sie den oben genannten Hinweisen und damit der besonderen Form der Online-Situation Rechnung trugen. Weiterhin sollte der im Vorjahr eingesetzte standardisierte Kurzfragebogen integriert werden und aus der standardisierten universitätsweiten Evaluation sollten zudem wichtige Fragen übernommen werden, um eine Anbindung an diese zu gewährleisten.

Insgesamt entwickelten wir 18 Fragen, von denen sieben als offene Fragen mit freien Antwortmöglichkeiten gestaltet wurden. Was die Reihenfolge der Fragen betrifft, entschieden wir, mit einer offenen Erinnerungsfrage zu beginnen, um die Probanden innerlich auf die Statistik-Veranstaltung einzustimmen. Zudem wurden offene und geschlossene Fragen gemischt, um die Befragten nicht durch viele hintereinander angeordnete offene Fragen zu ermüden. Die Fragen zu sozialstatistischen Daten wurden am Schluss platziert. Im Folgenden finden sich die von uns entwickelten Fragen mit einer Angabe zum jeweiligen Antworttyp.

1. Bitte beschreiben Sie, wie eine typische Statistikwoche bei Ihnen aussieht. Beginnen Sie gedanklich Montagmorgen und schließen Sie neben den Sitzungen auch persönliche Arbeitstreffen o.ä. ein. (offen)
2. Beschreiben Sie bitte, wie Sie sich den Stoff der Veranstaltung erarbeiten. (offen)

[--- neue Bildschirmseite ---]

3. Besuchen Sie die Veranstaltung zum ersten Mal? (ja/nein)
4. Wie regelmäßig haben Sie die einzelnen Teile der Statistik-Veranstaltung besucht? (Vorlesung, Übung, Tutorium – jeweils: immer, 1-2 Fehltermine, mindestens jede zweite Woche, selten, nie)

[--- neue Bildschirmseite ---]

5. Beschreiben Sie Ihre Gefühle gegenüber dem Thema Statistik zu Beginn des Semesters. Haben sich diese im Verlauf des Semesters verändert? (offen)
6. Nun zur konkreten Veranstaltung: Wie haben Sie sich in Vorlesung, Übung und Tutorium gefühlt? (offen)

[--- neue Bildschirmseite ---]

7. Bitte geben Sie an, in wieweit Sie der jeweiligen Aussage zur Veranstaltung zustimmen. (4-stufige Skala: stimmt nicht, stimmt eher nicht, stimmt eher, stimmt)
    - Die Veranstaltung verläuft nach einer klaren Gliederung.
    - Die Hilfsmittel zur Unterstützung des Lernens (z.B. Literatur, Arbeitsmaterialien) sind ausreichend und in guter Qualität vorhanden.

- Der Dozent verhält sich gegenüber den Studierenden freundlich und respektvoll.
- Der Dozent fördert mein Interesse am Themenbereich.
- Der Dozent verdeutlicht zu wenig die Verwendbarkeit und den Nutzen des behandelten Stoffes.
8. Bitte geben Sie an, in wieweit Sie der jeweiligen Aussage zu den Forschungsprojekten zustimmen. (4-stufige Skala: stimmt nicht, stimmt eher nicht, stimmt eher, stimmt)
    - Die Bearbeitung des Forschungsprojektes war für mein Verständnis des Stoffes hilfreich.
    - Durch das Forschungsprojekt habe ich den Ablauf eines Forschungsprozesses kennen gelernt.
    - Es ist gut, dass das Forschungsprojekt Bestandteil der Veranstaltung ist.
9. Ich habe in der Veranstaltung gelernt (5-stufige Skala: sehr wenig, wenig, einiges, viel, sehr viel)

[--- neue Bildschirmseite ---]

10. Was gefällt Ihnen an der gesamten Veranstaltung (Vorlesung/Übung/Tutorium) besonders gut? (offen)
11. Was fanden Sie schlecht? (offen)
12. Welche Verbesserungsvorschläge haben Sie? (offen)

[--- neue Bildschirmseite ---]

13. In welchem Jahr sind Sie geboren? (offen)
14. Bitte geben Sie Ihr Geschlecht an. (weiblich/männlich)
15. Welche Note hatten Sie in Mathematik im Abitur? (Auswahlliste 0-15 Punkte)
16. Hatten Sie Mathematik als Leistungsfach? (ja/nein)
17. In welchem Bundesland sind Sie zur Schule gegangen? (Auswahlliste)
18. Wie bewerten Sie insgesamt die Veranstaltung »Einführung in die sozialwissenschaftliche Statistik«? (6-stufige Notenskala)

Vertiefende Literatur

Diekmann, Andreas (2008): Empirische Sozialforschung. Grundlagen, Methoden, Anwendungen. 18. Aufl., Reinbek bei Hamburg: Rowohlt (Kap. X)
Kirchhoff, Sabine; Kundt, Sonja; Lipp, Peter; Schlawin, Siegfried (2008): Der Fragebogen. Datenbasis, Konstruktion und Auswertung. 4., überarb. Aufl., Wiesbaden: VS-Verlag
Kromrey, Helmut (2006): Empirische Sozialforschung. Modelle und Methoden der standardisierten Datenerhebung und Datenauswertung. 11., überarb. Aufl., Stuttgart: Lucius & Lucius (Kap. 7)
Ritter, Lois A.; Sue, Valarie M. (2007): The Use of Online Surveys in Evaluation. New Directions for Evaluation, No. 115. San Francisco: Jossey Bass (Kap. 4)

4. Online-Umsetzung des Fragebogens

Wie wird der »Papierfragebogen« in eine Online-Fassung übertragen, worauf ist dabei zu achten? Da für Online-Fragebögen prinzipiell die gleichen methodischen Anforderungen gelten wie für andere Fragebögen auch und diese ja bereits bei der Konstruktion des Fragebogens beachtet wurden, richtet sich in dieser Phase das Augenmerk hauptsächlich auf die technische Umsetzung der Fragen mit den online zur Verfügung stehenden Möglichkeiten. Der Umsetzungsprozess gestaltet sich recht einfach, da die auf Papierfragebögen gängigen Fragetypen ein entsprechendes Online-Pendant haben und sowohl offene als auch standardisierte Fragen sehr einfach und in zahlreichen Varianten erstellt werden können.

Online-Antwortformate

Sechs Antwortformate spielen eine herausragende Rolle, da mit ihnen ein Großteil der üblichen Fragen realisiert werden kann:

- Drop-Down-Listen
- Radiobuttons
- Matrixantworten
- Checkboxes
- Freitextfelder
- Überprüfte Freitextfelder

Drop-Down-Listen

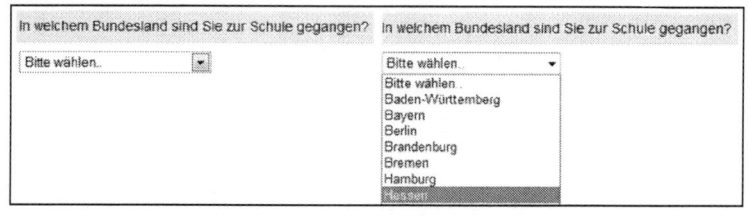

Bei Drop-Down-Listen handelt es sich um ein Antwortformat, das so bei Papier-Fragebögen nicht zu finden ist. Sie eignen sich sehr gut für standardisierte Fragen, bei denen die Probanden aus einer größeren Anzahl von Antwortmöglichkeiten, etwa den deutschen Bundesländern, genau eine auswählen sollen. Durch den Klick auf einen Pfeil wird die Liste der Auswahlmöglichkeiten in einem Menü präsentiert und die befragte Person kann mit einem weiteren Mausklick eine einzige Antwort aus diesem Pool auswählen.

Da bei diesem Antwortformat immer nur die gerade ausgewählte Antwort (bzw. wenn noch keine Antwort ausgewählt wurde, die Aufforderung »Bitte wählen…«) zu sehen ist, benötigen auch Fragen mit umfangreichen Antwortmöglichkeiten wenig Platz auf dem Bildschirm. Außerdem sind die ausgewählten Antworten leicht zu erkennen, da nicht zwischen vielen Antworten nach der ausgewählten gesucht werden muss, sondern sie als einzige angezeigt wird.

Radiobuttons

Auch Radiobuttons[13] gestatten den Probanden, aus einem standardisierten Antwortpool exakt eine Antwortmöglichkeit auszuwählen. Im Gegensatz zu den Drop-Down-Listen sind aber alle Antwortmöglichkeiten gleichzeitig sichtbar, sie entsprechen damit jenen Fragen auf Papierfragebögen, bei denen aus mehreren Antwortmöglichkeiten eine einzige durch Ankreuzen ausgewählt werden soll. Wird in der Online-Variante eine Antwort ausgewählt, wird sie auch direkt als ausgewählt gekennzeichnet, indem der »Knopf« vor der Frage markiert wird, sie wird gewissermaßen virtuell angekreuzt. Wird eine andere Antwort ausgewählt, so wird die vorherige Auswahl aufgehoben. Anders als bei Papierfragebögen ist eine unerwünschte Mehrfachauswahl also nicht möglich, da sie technisch verhindert wird. Außerdem müssen sich die Befragten für eine eindeutige Antwort entscheiden, während es unserer Erfahrung nach bei Papierfragebögen immer wieder vorkommt, dass ein Kreuz genau zwischen zwei Antwortmöglichkeiten gesetzt wird.

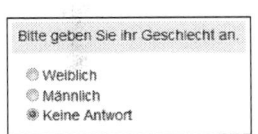

Wichtig ist, dass bei diesem Antwortformat immer die Antwortmöglichkeit »Keine Antwort« vorgesehen wird. Wurde nämlich einmal durch einen Probanden eine Antwort ausgewählt, so kann zwar noch eine andere Antwortvorgabe gewählt, nicht aber die Auswahl insgesamt aufgehoben werden.

Da bei Radiobutton-Fragen alle Antwortmöglichkeiten gleichzeitig angezeigt werden, erhöht sich zwar der Platzbedarf auf dem Bildschirm und die Übersicht geht bei vielen Antwortmöglichkeiten schnell verloren, dafür ist die Auswahl aber

---

13 Der Name »Radiobuttons« erinnert an alte, analoge Radiogenerationen, bei denen Funktionstasten mit Stationen belegt werden konnten und die Frequenznadel des Radios durch einen Druck auf die entsprechende Taste zur vorher festgelegten Sendefrequenz sprang. Wurde eine andere Taste gedrückt, so sprang die vorher gewählte Taste wieder in die Ausgangsposition zurück und die Frequenznadel zur neu gewählten Frequenz. Es konnte – bei normaler Bedienung – also immer nur genau eine Taste gedrückt und somit eben eine Radiostation ausgewählt werden.

anschaulicher, bspw. wenn die Befragten nach einer Einschätzung auf einer Skala von »Stimme zu« bis »Stimme nicht zu« gefragt werden.

Matrixantworten

Bitte geben Sie an, in wieweit Sie der jeweiligen Aussage zu den Forschungsprojekten zustimmen.				
	stimmt nicht	stimmt eher nicht	stimmt eher	stimmt
Die Bearbeitung des Forschungsprojektes war für mein Verständnis des Stoffes hilfreich.	○	○	○	○
Durch das Forschungsprojekt habe ich den Ablauf eines Forschungsprozesses kennen gelernt.	○	○	○	○
Es ist gut, dass das Forschungsprojekt Bestandteil der Veranstaltung ist.	○	○	○	○

Radiobuttons sind auch die Grundlage für Matrixantworten. Matrixantworten entsprechen Fragebatterien in Papier-und-Bleistift-Fragebögen. Bei diesem Antwortformat werden mehrere Fragen in einer Tabelle zusammengefasst. In der ersten Zeile der Tabelle werden die zur Verfügung stehenden Antwortmöglichkeiten als Spaltenüberschriften angezeigt. In den nachfolgenden Zeilen wird in der ersten Spalte jeweils eine Frage (oder, wie im obigen Beispiel, eine Aussage), gefolgt von Radiobuttons in den restlichen Spalten, dargestellt.

Mit Hilfe von Matrixantworten können viele Fragen auf wenig Raum untergebracht werden. In der Regel werden sie verwendet, wenn mehrere Fragen zu einem bestimmten, relativ eng umrissenen Themenbereich gestellt werden. Generell sollte dieses Antwortformat jedoch mit Bedacht eingesetzt werden. Werden nämlich etwa zehn Fragen in einer Matrix untergebracht, so ist dafür auf dem Monitor zwar nur noch wenig Raum notwendig, von den Befragten wird jedoch erwartet, zehn sinnvolle Antworten zu geben, sie werden also faktisch mit zehn Fragen konfrontiert. Gerade dann, wenn sich die einzelnen Fragen nur in Nuancen unterscheiden, kann es sehr anstrengend sein, jedes mal wohl überlegt zu antworten.

Checkboxes

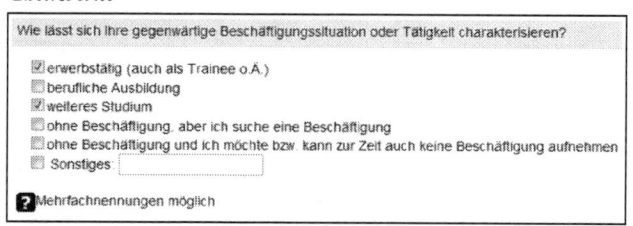

Wie lässt sich Ihre gegenwärtige Beschäftigungssituation oder Tätigkeit charakterisieren?
☑ erwerbstätig (auch als Trainee o.Ä.)
☐ berufliche Ausbildung
☑ weiteres Studium
☐ ohne Beschäftigung, aber ich suche eine Beschäftigung
☐ ohne Beschäftigung und ich möchte bzw. kann zur Zeit auch keine Beschäftigung aufnehmen
☐ Sonstiges:
❓ Mehrfachnennungen möglich

Checkboxes gestatten den Probanden, eine oder mehrere Antwortmöglichkeiten aus einem Antwortpool auszuwählen, sind also für Fragen mit der Möglichkeit von Mehrfachantworten bestens geeignet. Auch bei diesem Antwortformat werden alle Antwortmöglichkeiten gleichzeitig auf dem Bildschirm präsentiert. Die Befragten können ein Kästchen vor der jeweiligen Antwortmöglichkeit durch Anklicken mit einem Haken versehen und sie so auswählen. Der Unterschied zu den Radiobuttons liegt neben einer leicht anderen visuellen Darstellung lediglich in der Möglichkeit der Mehrfachauswahl.

Die vorgestellten Antwortformate für standardisierte Fragen können, sofern die eingesetzte Software es erlaubt, durch das Feld »Sonstiges« ergänzt werden, so dass die Probanden auch Antworten eingeben können, die nicht im vorgegebenen Antwortpool enthalten sind.

Freitextfelder

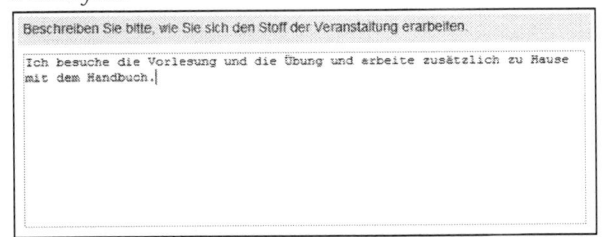

```
Beschreiben Sie bitte, wie Sie sich den Stoff der Veranstaltung erarbeiten.
Ich besuche die Vorlesung und die Übung und arbeite zusätzlich zu Hause
mit dem Handbuch.|
```

Freitextfelder sind das zentrale Antwortformat für offene Fragen. Sie gestatten den Probanden, einen beliebigen Text einzugeben. Die maximale Länge des eingegebenen Textes kann dabei, je nach System, theoretisch unbegrenzt sein. Oftmals ist es aber auch möglich, die maximale Zeichenzahl des Antworttextes zu begrenzen. Außerdem lässt sich häufig die dargestellte Größe des Antwortfeldes beeinflussen. Es ist sehr zweckmäßig, die Größe des Freitextfeldes entsprechend der erwarteten Antwortlänge zu gestalten: Ein kleines Feld wird weniger zum freien, ausführlichen Erzählen einladen als ein größer dimensioniertes. Allerdings gilt nicht pauschal die Devise, dass nur ein großes Feld ein gutes Feld ist, im Gegenteil: Ein großes Feld kann suggerieren, dass besonders viel Text erwartet wird, was zur Verweigerung der Antwort führen kann. In einem zu üppig dimensionierten Feld wird außerdem jede Antwort, auch eine recht ausführliche, schnell verloren aussehen, was sehr frustrierend sein kann. Außerdem ist es je nach Einstellung möglich, den optisch durch die Feldgröße gesteckten Rahmen auch zu überschreiten: Ist ein Freitextfeld nicht auf eine maximale Zeichenanzahl begrenzt und erreicht eine Befragte die letzte Zeile des Feldes, so kann sie einfach weiterschreiben – es wird lediglich immer nur ein Ausschnitt der Gesamtantwort angezeigt, aber es wird der gesamte Text übermittelt und kann auch nach wie vor bearbeitet werden.

Welche Größe letzten Endes optimal ist, lässt sich nicht pauschal sagen, sondern wird sowohl durch den Gegenstand der Frage als auch durch die Befragten, etwa durch deren Schreibkompetenz und -bereitschaft, bestimmt. Als Richtwert kann mit einer Größe von 10 Zeilen x 70 Zeichen begonnen werden, um davon ausgehend die Wirkungen von größeren oder kleineren Feldern überprüfen.

Überprüfte Freitextfelder
Überprüfte Freitextfelder sind prinzipiell mit den normalen Freitextfeldern identisch. Allerdings kann überprüft werden, ob der in das Feld eingegebene Inhalt einer bestimmten, vorgegebenen Syntax, also etwa einem Datum im Format TT.MM.JJJJ[14], entspricht oder beispielsweise nur aus Buchstaben besteht und keine Ziffern beinhaltet. Ist die Bedingung nicht erfüllt, wird die befragte Person gebeten, die Eingabe entsprechend der Vorgabe zu korrigieren.

Weitere Antwortformate
Neben diesen sechs gängigsten Antwortformaten kann natürlich – je nach eingesetzter Software – auch auf eine mitunter beachtliche Anzahl weiterer Antwortformate zurückgegriffen werden. Zu nennen sind hier bspw. Antwortformate, bei denen Antwortmöglichkeiten in eine Rangfolge gebracht werden sollen, Zuordnungsfragen, bei denen die Befragten aufgefordert werden, Antwortmöglichkeiten zu sortieren bzw. zu gruppieren oder Fragen, bei denen mit der Maus ein Regler auf einer äußerst fein abgestuften Skala (z. B. einer 100er-Skala) frei positioniert werden kann.

Weitere wichtige Funktionen: Pflichtfelder und Filterfragen
Neben unterschiedlichen Antwortformaten gibt es zwei weitere wichtige Funktionen: Bestimmte Fragen können als verpflichtend definiert werden, d. h. dass die Befragten ihre Antworten nur übermitteln können, wenn für diese Fragen eine Antwort ausgewählt bzw. eingegeben wurde. Allerdings sollte diese Funktion nicht zu häufig genutzt werden, da die Befragten ja auch durchaus aus gutem Grund eine oder mehrere Fragen nicht beantworten könnten. Weiterhin lassen sich oftmals Filterfragen definieren, die sich auf die nachfolgenden Fragen auswirken. Auf diese Weise können Fragebogenteile, die für die befragte Person irrelevant sind, automatisch übersprungen – meist gar nicht erst angezeigt – werden. Gibt eine Probandin etwa an, dass sie in der evaluierten Veranstaltung kein Referat gehalten hat, dann können die Fragen, in der sie um eine Einschätzung des eigenen Referates gebeten wird, direkt übersprungen werden. In dieser dynamischen, automatisierten Filterführung liegt ein zentraler Vorteil von Online-Erhebungen, der gleichzeitig den Komfort für die Befragten deutlich erhöht.

Erstellung einer Frage
Die Erstellung einer Frage läuft bei den meisten Softwaretools wie folgt ab: Zunächst wird das Antwortformat aus einer Liste ausgewählt, danach werden, wenn es sich um eine standardisierte Antwort handelt, die Antwortmöglichkeiten einge-

---

14 T steht für Tag, M für Monat und J für Jahr.

geben und schließlich werden abschließende Einstellungen vorgenommen, etwa die Feldgröße einer Freitextantwort definiert.

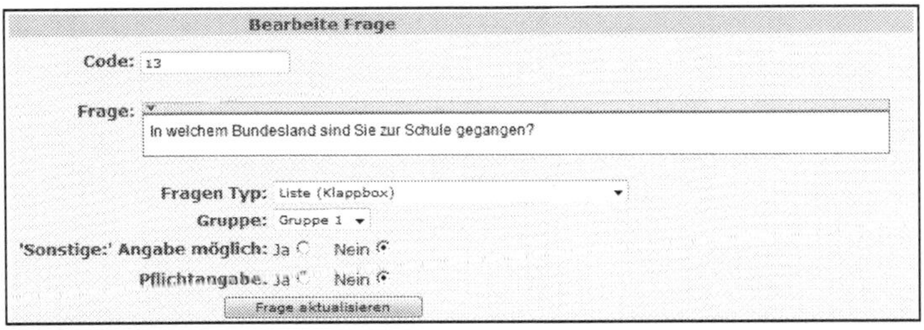

Abb. 2: Erstellung einer Frage im Fragebogengenerator (hier LimeSurvey)

Gestaltung des Online-Fragebogens

Bei der Erstellung des Online-Fragebogens ist darauf zu achten, dass dem Genauigkeitsstandard 5 (vgl. S. 32) genüge geleistet wird. Neben der Auswahl bestimmter Antwortformate betrifft dies auch die Darstellung des Online-Fragebogens: Oftmals kann ausgewählt werden, ob sämtliche Fragen des Fragebogens gleichzeitig auf einer (langen) Bildschirmseite oder aber in kleineren, etwa thematisch sortieren Gruppen präsentiert werden sollen. Eine weitere Variante ist die Präsentation von jeweils einer einzigen Frage pro Bildschirmseite. Welche Darstellungsvariante zu bevorzugen ist, hängt vom jeweiligen Fragebogen, unter anderem dessen Gesamtumfang, ab. Weitere Faktoren, die es zu bedenken gilt, sind etwa die Übersichtlichkeit des Fragebogens, die thematische Zusammengehörigkeit bestimmter Fragen sowie ihre inhaltliche Komplexität.

Eine Standard-Funktion von Online-Befragungs-Tools ist die Funktion einer Fortschrittsanzeige. Meist wird grafisch dargestellt, wie viel Prozent des Fragebogens die Befragten aktuell bearbeitet haben. In der Regel wird dabei der Fortschritt pro Seite, nicht aber pro ausgefüllter Frage angezeigt. Bei einem Fragebogen, der aus fünf einzelnen Seiten besteht, verändert sich die Fortschrittsanzeige also in 20%-Schritten – unabhängig davon, wie viele Fragen tatsächlich auf jeder der Seiten enthalten sind.

Zu welchem Zeitpunkt werden die von Befragten eingegebenen Antworten gespeichert? Diese Frage stellt sich vor allem dann, wenn eine Darstellungsvariante gewählt wird, bei der nicht der gesamte Fragebogen auf einmal dargestellt wird, sondern entweder Frage für Frage oder aber einzelne Fragegruppen präsentiert werden. Hier gibt es verschiedene Modelle. Eine Variante ist, dass die eingegeben Daten immer dann, wenn die Probanden die nächste Bildschirmseite – also die nächste Frage oder Fragegruppe – aufrufen, automatisch in die Datenbank gesichert werden. Diese Variante hat den Vorteil, dass bei abgebrochenen Fragebögen zumindest die bisher eingegebenen Antworten erhalten bleiben und so in die Auswertung mit einbezogen werden können. Eine andere Variante ist die, dass die Antworten erst am Ende des Fragebogens, wenn also alle Fragen beantwortet wurden, in die Datenbank gespeichert werden. Dies hat den Vorteil, dass die Befragten bis zum Schluss die Hoheit über die Antworten behalten und sich auch während des Ausfüllens noch bewusst gegen ein Absenden des Fragebogens entscheiden können, ohne dass bereits Daten übermittelt wurden. Eine hilfreiche und ergänzende Funktion ist hier das so genannte Zwischenspeichern. Sie gestattet den Befragten, die Beantwortung des Fragebogens zu unterbrechen und zu einem beliebigen späteren Zeitpunkt wieder fortzusetzen. Die bisherigen Eingaben werden durch ein Passwort geschützt, so dass auch nur die ausfüllende Person darauf zugreifen kann. Diese Funktion ist besonders bei langen, konzentrationsintensiven Fragebögen von Interesse. Aber auch Fragebögen, die sich auf einen andauernden Prozess beziehen, profitieren von dieser Funktion, da nicht am Ende des Prozesses alle Fragen auf einmal beantwortet werden müssen, sondern die Befragten jeweils die Fragen zum aktuellen Stand des Prozesses beantworten können und die Beantwortung sich so auf einen längeren Zeitraum verteilt. Welche Variante auch zum Einsatz kommt, es ist auf jeden Fall empfehlenswert, die Befragten über das angewandte Verfahren zu informieren, nicht zuletzt, damit sie ihr Recht auf informationelle Selbstbestimmung wahrnehmen können.

Nachdem die Fragen in den Online-Fragebogen übertragen wurden, kann oftmals noch zwischen verschiedenen Designs gewählt werden. In der Regel stehen unterschiedlichen Farbschemata zur Verfügung, einige Tools gestatten auch das Einbinden eines eigenen Logos oder gar die Erstellung eines komplett eigenen Designs, das z.B. an das eigene Corporate Design angepasst ist. Eine weitere hilfreiche Funktion ist das automatische Deaktivieren des Fragebogens, das – wenn gewünscht – jetzt eingestellt werden sollte. Diese Funktion deaktiviert den Fragebogen zu einem angegebenen Zeitpunkt, d.h. er steht den Probandem nicht mehr zur Beantwortung zur Verfügung. Auf die Verwaltung der erhobenen Daten oder die für ihre Weiterverarbeitung zur Verfügung stehenden Möglichkeiten hat diese Deaktivierung keine Auswirkungen.

So haben wir es gemacht

Bei unserer Online-Befragung wurden Fragen, die zu einem thematischen bzw. dramaturgischen Block gehören, jeweils gleichzeitig auf dem Bildschirm dargestellt. Dafür haben wir unseren Papierfragebogen in thematische Blöcke aufgeteilt und in LimeSurvey für jeden Block eine eigene Frageseite erzeugt.

Für die Umsetzung der Fragen setzten wir die oben dargestellten Fragetypen bzw. Antwortformate ein:

- Für Freitextfragen standen Felder in der Größe 10x70 Zeichen zur Verfügung, die jedoch auch mehr Zeichen aufnehmen konnten.
- Single-Choice-Fragen wurden mit Radiobuttons umgesetzt.
- Für die Frage nach dem Geburtsjahr wurde ein überprüftes Freitextfeld erstellt, das nur vierstellige Zifferneingaben akzeptierte.
- Für die Fragen nach der Mathenote im Abitur, dem Bundesland, in dem das Abitur abgelegt wurde, und der Gesamtbewertung der Lehrveranstaltung nach Schulnoten wurden Drop-Down-Listen eingesetzt.

Die Daten wurden immer dann gespeichert, wenn die Befragten die nächste Fragebogenseite aufgerufen haben. Da der Fragebogen recht kurz war, haben wir die Funktion zum Zwischenspeichern der teilausgefüllten Fragebögen nicht aktiviert. Schließlich wählten wir ein schlichtes Design, in welches das Uni-Logo eingebunden wurde und legten ein Datum fest, nach dem der Fragbogen nicht mehr ausgefüllt werden konnte.

Testen des Online-Fragebogens

Im nächsten Arbeitsschritt muss der Fragebogen ausführlich getestet werden. Bei Online-Befragungen wird der Fragebogen zunächst technisch überprüft und anschließend einem Pretest unterzogen.

Technische Überprüfung

Die technische Überprüfung hat den Zweck, einen möglichst reibungslosen Betrieb in der Erhebungsphase sicherzustellen. Für den Test sollten alle Funktionen, die eingesetzt werden sollen, einmal aktiviert und genutzt werden. Punkte, die auf jeden Fall kontrolliert werden sollten, sind die korrekte visuelle Darstellung des Fragebogens, ein einwandfreies Funktionieren der eingesetzten Antwortformate, die Filterführungen, die Übermittlung der Daten, die Probandenverwaltung sowie der Export der Antwortdaten und ihr Import in die benötigten Analyseprogramme.

- Eine *korrekte visuelle Darstellung* des Fragebogens ist unabdingbar. Wichtig ist, dass alle Fragen und Antwortvorgaben komplett zu sehen sind. Auch bei unterschiedlichen Bildschirmauflösungen und von den Nutzern/-innen individuell gewählten Schriftgrößen dürfen keine Teile abgeschnitten werden. Außerdem sollte überprüft werden, ob der Fragebogen mit verschiedenen gängigen Internetbrowsern wie gewünscht, fehlerfrei und möglichst identisch angezeigt wird. Die für das Design verwendeten Farben sollten die Darstellung durch klare Strukturierung eher unterstützen als ihr im Wege stehen. Und schließlich ist ein Online-Fragebogen idealerweise barrierefrei, d. h. er kann auch von Probanden mit unterschiedlichen Behinderungen (etwa Sehbehinderungen) ohne Einschränkungen ausgefüllt werden.

- Ein *einwandfreies Funktionieren der eingesetzten Antwortformate* sollte in jedem Fall kontrolliert werden. Es geschieht z. B. schnell, dass eine Frage, bei der eigentlich eine Mehrfachauswahl möglich sein sollte, aus Versehen mit Radiobuttons umgesetzt wurde, also nur eine Einfachauswahl erlaubt. Weiterhin sollte getestet werden, ob Drop-Down-Listen alle erforderlichen Einträge enthalten, ob eventuelle Zeichenbegrenzungen von Freitextfeldern richtig funktionieren, ob überprüfte Freitextfelder auch wirklich nur die erwünschten Eingaben zulassen und ob die richtigen Felder als Pflichtfelder markiert wurden.

- Werden *Filterführungen* eingesetzt, so müssen diese unbedingt auf korrektes Funktionieren hin untersucht werden. Da das Definieren von Filterführungen schnell sehr komplex wird, sollten in dieser Phase alle Filter dahingehend untersucht werden, ob sie die Probanden in der gewünschten Weise durch den Fragebogen leiten oder nicht. Das kann bedeuten, einen Fragebogen mehrfach komplett ausfüllen zu müssen. Fehlerhafte Filterführungen allerdings machen schnell die gesamte Erhebung unbrauchbar.

- Auch eine *Überprüfung der richtigen Datenübermittlung* ist wichtig. Funktioniert hier etwas nicht einwandfrei, wäre schließlich die gesamte Erhebung betroffen. Neben der Kontrolle, ob die Daten auch korrekt abgelegt werden, muss, wenn sie denn vorhanden ist, die Zwischenspeichern-Funktion überprüft werden.

- Handelt es sich um eine so genannte geschlossene Befragung, die nur einem bestimmten Nutzerkreis zugänglich gemacht wird, sollte auch die *Probandenverwaltung* überprüft werden, etwa ob die Probandenlisten einwandfrei importiert und die Einladungen richtig verschickt werden. Ist die Befragung durch ein individuelles Passwort geschützt, sollte dessen Funktion in jedem Falle getestet werden. Außerdem sollte simuliert werden, was geschieht, wenn in den Probandenlisten fehlerhafte Daten (v. a. E-Mail-Adressen) vorhanden sind und was zu tun ist, wenn Befragte ihren Zugangscode verlieren.

- Abschließend sollte ausprobiert werden, ob sich die erhobenen Daten fehlerfrei aus der Datenbank *exportieren* und zur weiteren Auswertung in das gewünschte Analyseprogramm *importieren* lassen.

Pretest

Ist der technische Test absolviert, kann der eigentliche Pretest durchgeführt werden. Dabei wird der Fragebogen von Mitgliedern der Zielgruppe testweise ausgefüllt. Der Pretest dient der Überprüfung des Fragebogens unter möglichst realistischen Feldbedingungen. Im Rahmen des Pretests sollte auch die ungefähre Bearbeitungsdauer des Fragebogens ermittelt werden, damit den Befragten ein Richtwert genannt werden kann, wie viel Zeit das Ausfüllen des Fragebogens in Anspruch nehmen wird. Außerdem lässt sich dann einschätzen, ob der Fragebogen vielleicht doch zu lang geworden ist und ein wenig gekürzt werden sollte, um die Geduld der Befragten nicht zu sehr zu strapazieren.

Besonders wichtig bei einem Pretest ist, dass der Online-Fragebogen nochmals auf Verständlichkeit und erschöpfende Antwortmöglichkeiten hin untersucht wird: Bei der Überprüfung der *Verständlichkeit* wird eruiert, ob die Frageformulierungen eindeutig sind und keine Fehlinterpretationen zulassen, die Probanden die Frage also möglichst nicht missverstehen können. Gegebenenfalls wird der Fragetext noch um einige Erläuterungen ergänzt oder es wird eine ausführlichere Erläuterung zum Ausfüllen formuliert, damit mit der Frage auch tatsächlich erhoben werden kann, was erfahren werden soll.

Der Punkt der *erschöpfenden Antwortmöglichkeiten* zielt auf die Antwortpools geschlossener Fragen ab. Wie in Kapitel 3 bereits erwähnt, sollten diese Pools alle möglichen bzw. sinnvollen Antworten auf die Frage umfassen, so dass sich jede/r Befragte in der Liste wieder finden kann. Zwar kann immer auch die Möglichkeit »Sonstiges« angegeben werden, die den Probanden die Möglichkeit bietet, eine freie Antwort zu formulieren. Diese »Sonstiges-Felder« verkomplizieren allerdings die Auswertung, da die eingegebenen Werte oftmals Einzelnennungen sind, die ggf. sortiert und gruppiert werden müssen. Außerdem ist es wenig aussagekräftig, wenn 25% der Befragten einfach »Sonstiges« auswählen.

Anders als bei Papier-Fragebögen können beim Pretest von Online-Fragebögen Anmerkungen – etwa »Frage unklar« oder »Trifft nicht zu, weil…« – nicht direkt auf dem Fragebogen vermerkt werden. Es bieten sich verschiedene Möglichkeiten an, diesem systembedingten Problem zu begegnen:

1. Am Ende des Online-Fragebogens (bei mehrseitigen Fragebögen jeweils am Ende einer Bildschirmseite) kann ein Freitextfeld vorgesehen werden, in das die Pretest-Teilnehmenden Kommentare und Anmerkungen eingeben.
2. Die Pretest-Probanden werden gebeten, Anmerkungen in einer parallel geöffneten Textdatei festzuhalten. Hierfür kann, um die Begutachtung der Anmerkungen zu erleichtern, ggf. eine Vorlage erstellt werden, die bereits die Struktur des Fragebogens beinhaltet.
3. Notfalls kann der Online-Fragebogen auch ausgedruckt werden und die Probanden füllen den Bogen auf Papier aus. In diesem Fall wird es jedoch etwas

schwieriger, die Bearbeitungsdauer einzuschätzen, da es hinsichtlich der Zeit, die für das Beantworten benötigt wird, einen Unterschied zwischen Online- und Offlinebearbeitung geben kann.
4. Auch ein »lautes Ausfüllen« des Fragebogens ist denkbar: Jeweils ein Proband wird gebeten, den Fragebogen am Computer auszufüllen und alle Gedanken, die ihr/ihm dabei durch den Kopf gehen, zu äußern. Darüber hinaus ist es möglich, die Erfahrungen des Pretests mit den Teilnehmenden zu diskutieren.

So haben wir es gemacht

In unserem Fall wurde der Pretest in zwei Phasen durchgeführt. Zunächst ist jedes Mitglied der Forschergruppe den Fragebogen einmal gründlich durchgegangen und hat ihn komplett am Bildschirm ausgefüllt. Auftretende Fragen, Probleme und Fehler wurden in der Gruppe besprochen und behoben. In der zweiten Phase wurde der Fragebogen von studentischen Hilfskräften und Tutoren/-innen der Lehrveranstaltung ausgefüllt, die nicht an der Erstellung beteiligt waren. Als Pretest-Teilnehmer wären in unserem Fall auch Absolventen der Lehrveranstaltung des Vorjahres in Frage gekommen. Da die standardisierten Fragen aber zum allergrößten Teil nicht neu, sondern aus bestehenden Fragebögen übernommen und somit bereits ausführlich getestet worden waren, haben wir auf die Einbeziehung von Vorjahresabsolventen verzichtet und uns auf eine ausführliche technische Überprüfung konzentriert. Nach beendetem Pretest haben wir den Fragebogen aus LimeSurvey exportiert und gesichert.

Vertiefende Literatur

ADM (2001): Arbeitskreis Deutscher Markt- und Sozialforschungsinstitute e.V. Standards zur Qualitätssicherung für Online-Befragungen.
URL: http://www.adm-ev.de/pdf/Onlinestandards_D.PDF [2008–03–20]
Couper, Mick P.; Coutts, Elisabeth (2004): Online-Befragung. Probleme und Chancen verschiedener Arten von Online-Erhebungen. In: Diekmann, Andreas (Hrsg.): Methoden der Sozialforschung. Sonderheft 44 der Kölner Zeitschrift für Soziologie und Sozialpsychologie. Wiesbaden: VS-Verlag, S. 217-243
Fischer, Melanie (2005): Möglichkeiten sozialwissenschaftlicher Surveys im Internet. Stand und Folgerungen für Online-Befragungen. Hefte zur Bildungs- und Hochschulforschung 46. URL: http://www.uni-konstanz.de/ag-hochschulforschung/publikationen/PublikatBerichte/Heft46_OnlineBefragung.pdf [2008–04–01] (Kap. 4)
Informationszentrum Sozialwissenschaften (Hrsg., 2003): Online-Erhebungen. 5. Wissenschaftliche Tagung. Sozialwissenschaftliche Tagungsberichte Band 7. Bonn
Ritter, Lois A.; Sue, Valarie M. (2007): The Use of Online Surveys in Evaluation. New Directions for Evaluation, No. 115. San Francisco: Jossey Bass (Kap. 5)

5. Stichprobenauswahl und Durchführung der Erhebung

Stichprobenauswahl

Die Auswahl der Stichprobe steht in unmittelbarem Zusammenhang mit den Zwecken und Fragestellungen der Evaluation. So ist zunächst die Frage zu beantworten, ob es sich bei der Grundgesamtheit, über die eine Aussage gemacht werden soll, um eine *offene* oder *geschlossene* Grundgesamtheit handelt. Geschlossen ist die Grundgesamtheit dann, wenn (zumindest theoretisch) eine Liste aller Elemente der Grundgesamtheit angelegt werden kann, es sich also um eine Gruppe handelt, deren Elemente zu einem fixierten Zeitpunkt abzählbar sind. Dies trifft z.B. bei Lehrevaluationen und bei Evaluationen betrieblicher Weiterbildungsmaßnahmen zu, hingegen nicht bei der Evaluation der Öffentlichkeitsarbeit von Umweltbildungszentren oder von AIDS-Präventionskampagnen. Bei den beiden letzteren Beispielen ist die Grundgesamtheit offen, d.h. prinzipiell nicht überschaubar, so dass auch keine Stichprobenverfahren eingesetzt werden können, die zufallsgesteuert Elemente (z.B. Personen) aus der Grundgesamtheit auswählen.

Prinzipiell lassen sich zwei Haupttypen von Auswahlverfahren unterscheiden:

- zufallsgesteuerte und
- nicht-zufallsgesteuerte Verfahren.

Bei zufallsgesteuerten Verfahren haben alle Elemente der Grundgesamtheit eine Chance, in die Stichprobe aufgenommen zu werden. Konkret lässt sich dies auf unterschiedliche Weise realisieren, wobei alle Verfahren im weitesten Sinne dem Urnenmodell folgen, bei dem – wie etwa bei der Ziehung der Lottozahlen – die Ziehung der Stichprobe auf dem Zufall basiert. Wo immer man dazu in der Lage ist, wird man Listen aller potenzieller Befragten zusammenstellen und aus diesen mit Hilfe eines Zufallsgenerators[15], wie er bspw. in allen gängigen Statistikprogrammen implementiert ist, eine Stichprobe der gewünschten Größe zusammenstellen. Sofern schon Listen vorhanden sind – z.B. E-Mail-Verzeichnis von Kursteilnehmern, Kundenliste u.ä. – empfiehlt es sich, auf diese zurückzugreifen. Das Random Digital Dialing, also die zufällige Anwahl einer Telefonnummer, das

---

15 Zufallszahlen können kostenlos auch bei www.random.org erzeugt werden.

in repräsentativen Surveys häufig zur Realisierung einer Zufallsauswahl eingesetzt wird, dürfte bei Evaluationen nur in ganz speziellen Fällen eine Rolle spielen. Auch zufallsgesteuerte Verfahren können nicht garantieren, dass die Evaluationsstichprobe die Grundgesamtheit repräsentativ abbildet. Sie ermöglichen aber den Einsatz statistischer Schätzverfahren und die Berechnung von Standardfehlern und Vertrauensintervallen.

Die nicht-zufallsgesteuerten Verfahren lassen sich in bewusste und willkürliche Auswahl unterteilen. Bei der willkürlichen Auswahl (»convenience sample«) macht man sich die Sache einfach und nimmt die Erstbesten, die sich zur Teilnahme bereit finden, in das Sample auf. Im Rahmen von Evaluationen wird man willkürliche Auswahlarten eher zu vermeiden suchen, denn dass sich die Bewertung eines Evaluationsgegenstands auf willkürlich ausgewählte Personen beruft, verbietet sich gewissermaßen von selbst. Dennoch wird es Situationen geben, wo in Bezug auf einzelne Stakeholder nur willkürliche Auswahl möglich ist.

Zur bewussten Auswahl zählen alle Verfahren, bei denen Evaluatoren Kriterien für die Auswahl vorgeben. Das in der qualitativen Forschung häufig eingesetzte Verfahren des Theoretical Samplings (vgl. Glaser/Strauss 1998, Merkens 2000) ist bspw. zu den bewussten Auswahlverfahren zu rechnen.[16] Sehr häufig eingesetzt werden Quotensamples, bei denen aufgrund ausgewählter Merkmale, z.B. soziodemographischer Art, bestimmte vorgegebene Quoten realisiert werden. In mehrstufigen Auswahlverfahren können ggf. unterschiedliche Auswahlverfahren kombiniert werden, z.B. kann bei einer Erhebung für ein Universitätsranking im ersten Schritt eine Quotierung (x Personen pro Fachbereich) erfolgen, die dann im zweiten Schritt mit einem zufallsgesteuerten Verfahren ausgewählt werden.

Nicht selten werden in Evaluationen auch Vollerhebungen durchgeführt, d.h. es werden bspw. alle Teilnehmenden einer Maßnahme, alle Studierenden eines Seminars oder alle Modellstandorte einbezogen. Für die Wahl der Stichprobengröße ist bei Evaluationen zuvorderst der Standard D3 »Effizienz von Evaluationen« maßgebend.

Durchführungsstandard 3: Effizienz von Evaluationen
Der Aufwand für Evaluation soll in einem angemessenen Verhältnis zum Nutzen der Evaluation stehen.

Die Entscheidung für ein bestimmtes Auswahlverfahren ist also in Abhängigkeit vom Evaluationszweck zu treffen: Wenn etwa die Optimierung eines Programms angestrebt wird, ist es wesentlich zielführender, punktuell und tiefgehend ausge-

---

16 Eine sehr instruktive Zusammenfassung zum Thema theoretische Samplings in der Evaluation liefert Patton (2002: 243 ff.)

wählte Personen – z. B. Personen mit Expertise, Projektmitarbeiter aus erfolgreichen/nicht erfolgreichen Modellstandorten etc. – zu befragen, als durch ein zufallsgesteuertes Verfahren x% der Grundgesamtheit auszuwählen (vgl. Beywl u. a. 2007: 39 f.).

Online-Erhebungen haben den Vorteil, dass der Erhebungsaufwand nicht mit der Stichprobengröße korreliert. So werden also ohne finanziellen Mehraufwand größere Stichproben ermöglicht. Dies gilt auch für qualitative Erhebungsverfahren, allerdings steigt hier natürlich der Auswertungsaufwand mit der Anzahl der Probanden, es sei denn die Analyse wird wie bei der diktionärsbasierten Inhaltsanalyse automatisch vorgenommen.

So haben wir es gemacht

Auf dem Hintergrund unserer Absicht, empirisch auszuprobieren, ob und wie sich auch sehr viele Texte im qualitativen Erhebungsteil auswerten lassen, haben wir uns zu einer Vollerhebung entschlossen. Da die Daten aller Teilnehmerinnen und Teilnehmer der evaluierten Veranstaltung bereits als Liste von E-Mail-Adressen vorlag, wäre auch eine Zufallsauswahl problemlos möglich gewesen. Für den Evaluationszweck hätte gewiss auch eine Stichprobe von 100 Probanden ausgereicht. Da eine Totalerhebung nur mit geringfügigem Erhebungsmehraufwand verbunden war, wurde diese Wahl getroffen.

Durchführung der Erhebung

Die Durchführung der Erhebung ist für die Forschenden eine eher ruhige, aber sehr spannende Phase: Die aufwändige Erstellung des Fragebogens ist bereits abgeschlossen, die Auswertung noch eher fern. Durch die Möglichkeit vieler Softwaretools, die bereits gespeicherten Antwortdatensätze auch während der laufenden Erhebung einzusehen, kann man sich jederzeit einen Eindruck des aktuellen Datenmaterials verschaffen.

Die Durchführung beginnt in der Regel mit der Bekanntmachung der Erhebung und der Einladung der Probanden. Während die Erhebung läuft und bis zu ihrem Ende sind v. a. Kontrollaufgaben – hauptsächlich die Betreuung der Befragten – zu erledigen.

Bekanntmachung und Einladung

Spätestens jetzt, bevor der Fragebogen für das Ausfüllen freigegeben wird, sollte er gesichert werden, schließlich steckt schon viel Arbeit darin. Der flexibelste Weg hierfür ist, den gesamten Fragebogen zu exportieren – sofern das eingesetzte Tool diese Funktion vorsieht. Hierbei wird eine Datei erzeugt, die sämtliche Fragen und Funktionen des Fragebogens enthält. Diese Datei kann dann auf dem eigenen Computer sicher abgelegt und bei Bedarf wieder mit einem Mausklick in das Erhebungstool eingelesen werden.

Handelt es sich um eine offene Erhebung, an der jede Person der Zielgruppe bei Interesse teilnehmen kann, kann die Online-Befragung wie jede klassische Erhebung auch bekannt gemacht werden. In Frage kommen hier etwa Aushänge, persönliche Ansprache oder Rundmails, etwa über Mailinglisten. Dabei ist es sehr wichtig, die Internetadresse, unter der der Fragebogen zu erreichen ist, bekannt zu machen – erinnert sich ein Proband nicht an die korrekte Adresse, kann er oder sie ja nicht an der Befragung teilnehmen. Bei E-Mails ist dieses Problem leicht zu lösen, da die Adresse als Link einfach in die E-Mail integriert werden kann. Aushänge können mit Abreißstreifen, auf denen die Adresse steht, versehen werden, Anschreiben auf Papier können bspw. visitenkartengroße Zettel mit der Internetadresse beigelegt werden.

Handelt es sich um eine geschlossene Erhebung unter Personen, die nicht nur namentlich bekannt sind, sondern von denen auch eine E-Mail-Adresse verfügbar ist, können die Probanden per E-Mail eingeladen werden. Die gängigen Programme und Serviceanbieter verfügen über eine komfortable Benutzerverwaltung. Namen und E-Mail-Adressen der Probanden können einfach eingegeben oder importiert werden. Durch das Programm können dann personalisierte E-Mails an alle potenziellen Teilnehmenden versendet werden, in denen sie zur Teilnahme an der Erhebung eingeladen werden. Beim Erstellen bzw. Importieren der Teilnehmerliste wird allen Probanden ein zufälliger und jeweils einmaliger Code zugewiesen, der als Zugangscode für den Fragebogen fungiert und ein mehrfaches Ausfüllen ebenso verhindert wie das Ausfüllen durch nicht eingeladene Personen, gleichzeitig aber die volle Anonymität wahrt. Die E-Mails, die den Probanden zugehen, enthalten neben dem Einladungstext einen direkten Link zum Fragebogen, in den der Zugangscode so integriert ist, dass er nicht von Hand eingegeben werden muss. Außerdem können die Tools anhand dieses Codes auch feststellen, wer den Fragebogen bereits ausgefüllt hat und wer noch nicht und so gezielt Erinnerungsmails an jene versenden, die noch nicht ausgefüllt haben – auch das, ohne die Anonymität der Erhebung aufzulösen.

Werden automatisch generierte E-Mails versandt, kann ein besonderes Problem auftreten: Aggressiv eingestellte Spamfilter könnten die E-Mail versehentlich aussortieren und löschen. Es ist also wichtig, die E-Mail-Empfänger darauf hinzuweisen, dass und, wenn möglich, wann die Einladungs-E-Mail kommen wird, damit die Empfänger ihren Posteingang und den Spamfilter beobachten können.

Gleich, ob es sich um eine offene oder geschlossene Befragung handelt und welcher Weg der Einladung gewählt wurde, ist ein gutes Mittel zur Erhöhung der Rücklaufquote das persönliche Interesse der Probanden am Gegenstand der Erhebung zu steigern und einen persönlichen, evtl. nicht-virtuellen Bezug der Befragten zur Erhebung herzustellen (vgl. ADM 2001, Simonson/Pötschke 2006: 231 f.). Um diesen herzustellen, kann sich eine Person als Ansprechpartner vorstellen und die Probanden persönlich und ausführlich über die Erhebung, ihre Ziele und die Verfahrensweise, also etwa die Einladungs-E-Mails, das Spamfilter-Problem und die persönlichen Kennziffern, informieren. Wird die Befragung in einem Unternehmen durchgeführt, so ist es sinnvoll, wenn sie durch Leitungskräfte angekündigt und unterstützt wird.

Tätigkeiten während der laufenden Erhebung

Während die Datenerhebung läuft, sind vor allem Kontrollaufgaben zu erledigen. Wenn Einladungs-E-Mails versandt wurden, sollte kontrolliert werden, ob einige nicht zugestellt werden konnten, um sie ggf. erneut zu versenden oder den Fehler anderweitig beheben. Außerdem sollte die für die Betreuung der Erhebung zuständige Person regelmäßig ihr E-Mail-Postfach überprüfen, ob von Probanden eventuell Probleme gemeldet werden. Es kann z.B. vorkommen, dass eine E-Mail mit Zugangscode versehentlich gelöscht wird und erneut zugesendet werden muss oder dass trotz ausführlichem Pretest eine Fehler beim Ausfüllen des Fragebogens auftritt. In jedem Fall ist bei Problemen und Schwierigkeiten schnelle Reaktion zu empfehlen, schon allein um zu demonstrieren, dass die Probanden ernst genommen werden und ihre Beteiligung an der Erhebung wichtig ist. Auch ist es empfehlenswert, immer wieder einmal einen Blick auf die bisherigen Antworten zu werfen, um sicherzustellen, dass die Übermittlung aller Antworten reibungslos funktioniert und nicht etwa bei einer bestimmten Frage doch Übermittlungsprobleme auftreten.

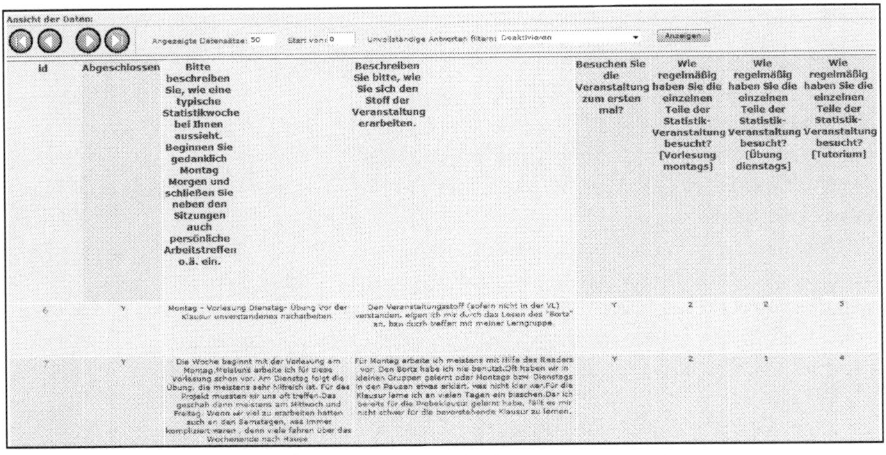

Abb. 3: Antworten im Erhebungstool (hier LimeSurvey)

Abschluss der Erhebungsphase

Gibt es einen festen Endzeitpunkt der Erhebung, so sollte der Fragebogen – wenn das verwendete Tool ein automatisches Ablaufen nicht unterstützt – manuell deaktiviert werden. Damit wird ein weiteres Ausfüllen des Fragebogens verhindert.

So haben wir es gemacht

Zuerst wurde die Teilnehmerliste der Veranstaltung eingelesen. Diese Liste beinhaltete Vornamen, Nachnamen und E-Mail-Adresse aller Befragten und lag zunächst als Excel-Tabelle vor. Für den Import in LimeSurvey wurde die Tabelle als CSV-Datei gespeichert und konnte nun problemlos weiter verarbeitet werden. Nach dem Import wurde für alle Probanden automatisch ein individueller Zugangscode erzeugt, der ein mehrfaches Ausfüllen des Fragebogens verhindert.

Als nächstes besuchte ein Mitglied der Forschergruppe die Lehrveranstaltung, stellte sich als technischer Ansprechpartner vor und legte die Ziele und Verfahrensweisen der Befragung dar. Das Erhebungsverfahren wurde detailliert vorgestellt, besonderes Augenmerk lag auf der Frage der Anonymität und den individuellen Zugangscodes. Aber auch die automatischen Einladungs- und Erinnerungs-Mails wurden beschrieben.

Unmittelbar im Anschluss an die Vorstellung der Evaluationsstudie (die an einem Montag stattfand) wurden die Einladungs-Mails versandt. Diese E-Mails enthielten einen direkten Link zur Startseite des Online-Fragebogens. Der individuelle Zugangscode war so in die E-Mail integriert, dass er nicht manuell eingegeben werden musste, was deutlich unkomfortabler gewesen wäre. Von diesem Montag an war die Befragung sieben Tage lang erreichbar. Am Mittwoch und Freitag der gleichen Woche wurden Erinnerungs-Mails verschickt, die einen deutlichen Einfluss auf die Rücklaufquote hatten: Jeweils nach den Erinnerungen häuften sich die eingegangenen Daten.

Während der Erhebungsphase erreichten uns zwei Hilferufe: Ein Teilnehmer konnte die Befragung nicht aufrufen, da sein E-Mail-Programm den Link in zwei Zeilen umgebrochen hatte, so dass er nicht mehr vollständig war. Ein Hinweis darauf, wie der Link aussehen muss, wenn er intakt ist und der Vorschlag, ihn einfach zu kopieren und in die Adressleiste des Browsers einzufügen, schaffte Abhilfe. Eine Probandin war sich nicht sicher, ob sie die eingegebenen Daten am Ende des Fragebogens auch tatsächlich übermittelt hatte. Hier half ein Blick in die Probandenliste von LimeSurvey um festzustellen, dass der Zugangscode der Studentin bereits verfallen war, was anzeigt, dass der Fragebogen beendet und die Antworten gespeichert wurden.

Am Ende des Erhebungszeitraumes deaktivierte sich der Fragebogen automatisch.

Forschungsethik und Datenschutz:
Freiwilligkeit, Vertraulichkeit und Anonymität

Wie bei jeder anderen empirischen Untersuchung sind auch bei einer Online-Befragung die allgemeinen Standards für Ethik und Datenschutz in jedem Falle zu berücksichtigen. Herausgegeben werden diese Standards in der Regel von Fachvereinigungen wie der Deutschen Gesellschaft für Erziehungswissenschaft (DGfE) oder der Deutschen Gesellschaft für Soziologie (DGS). Auch die DeGEval hat entsprechende Anforderungen formuliert, im Fairnessstandard F2 gebündelt und folgendermaßen formuliert:

> *Fairnessstandard 2: Schutz individueller Rechte*
> Evaluationen sollen so geplant und durchgeführt werden, dass Sicherheit, Würde und Rechte der in eine Evaluation einbezogenen Personen geschützt werden.

Aus diesem weiten Spektrum werden für die Phase der Durchführung der Erhebung vor allem die Teilaspekte *Freiwilligkeit*, *Vertraulichkeit* und *Anonymität* relevant (vgl. Ritter/Sue 2007: 11ff., Simonson/Pötschke 2006: 233).

Freiwilligkeit

In aller Regel ist die Teilnahme an einer Evaluation freiwillig. Freiwillig bedeutet, dass die Befragten frei entscheiden können, ob sie an der Erhebung teilnehmen oder nicht, aber auch, dass sie die Befragung jederzeit und ohne Angabe von Gründen beenden können (vgl. ADM 2001: 4). Das Grundprinzip, das hier, wie bei anderen empirischen Untersuchungen auch, zur Anwendung kommen sollte, ist das der *informierten Einwilligung* (vgl. Ritter/Sue 2007: 11ff.). Nach diesem Prinzip wird die Entscheidung für oder gegen die Teilnahme an einer Erhebung durch die vorher erfolgte Information und Aufklärung getragen. So sind die potenziellen Befragten über fünf Punkte zu informieren (vgl. Ritter/Sue 2007: 11ff.):

1. über den Zweck der Erhebung (dies gilt in besonderem Maße dann, wenn vertrauliche Daten erhoben werden),
2. über die Identität derjenigen, die mit der Durchführung und Weiterverarbeitung der Daten betraut sind,
3. über die Art und Weise der Weiterverarbeitung der Daten,
4. über eventuell entstehende Risiken und
5. darüber, ob sie für weitere Erhebung kontaktiert werden.

Diese Informationen können den potenziellen Teilnehmern auf verschiedene Weisen zugänglich gemacht werden. Neben der Darstellung dieser Punkte im Rahmen der oben vorgeschlagenen Vorstellung der Erhebung durch den/die Studienleiter/-in können diese Informationen auch in einer Einladungs-E-Mail oder auf der Startseite des Fragebogens dargestellt werden. Welcher Weg gewählt wird, ist letztlich gleichgültig. Wichtig ist lediglich, dass diese Informationen ausnahmslos allen potenziellen Probanden *vor* der Teilnahme an der Erhebung unkompliziert zugänglich gemacht werden.

Vertraulichkeit

Bei den meisten Erhebungen – Evaluationen bilden hier keine Ausnahme – erwarten die Befragten, dass die Informationen und Daten, die sie zur Verfügung stellen, vertraulich behandelt werden. Vertraulich bedeutet, dass weder die Daten selbst noch die Information, welche Personen an der Untersuchung teilgenommen haben, Dritten zugänglich gemacht werden (vgl. Ritter/Sue 2007: 11 ff.). Dementsprechend ist es notwendig, diese Frage zu thematisieren. Wird den Probanden die Vertraulichkeit zugesichert, so ist diese Zusage selbstverständlich in jedem Falle einzuhalten. Sollte diese Vertraulichkeit, aus welchen Gründen auch immer, nicht gewahrt werden können oder sollen, so muss darauf in jedem Falle deutlich und unmissverständlich hingewiesen werden, handelt es sich doch ggf. um einen entscheidenden Grund für die Verweigerung der Teilnahme. Auch diese Information muss allen potenziellen Befragten unkompliziert und vor der Teilnahme zugänglich gemacht werden.

Anonymität

Der Anonymität kommt bei einer Online-Befragung besonderer Stellenwert zu. Wie Simonson und Pötschke feststellen, wird der Zusicherung von Anonymität bei netzgestützter Kommunikation weniger vertraut als in anderen Situationen (Simonson/Pötschke 2006: 233). Dieses Misstrauen ist auch nicht von der Hand zu weisen: Eine Software, die anhand einer eindeutigen, persönlichen Zahl erkennen kann, wer den Fragebogen bereits ausgefüllt hat und wer nicht, weckt zu Recht die Skepsis der Probanden. Bereits die Tatsache, dass unter Umständen die E-Mail-Adressen der Befragten bekannt sind, steht der vollständigen Anonymität im Wege. Absolute Anonymität bedeutet demnach mehr als das Austauschen von Personennamen, Ortsnamen etc.

Entscheidend ist nicht, *dass* Vertraulichkeit und Anonymität zugesichert werden. Gerade bei Evaluationen werden die Daten schließlich häufig weitergegeben. Entscheidend ist vielmehr, dass alle möglichen Maßnahmen ergriffen werden, um das zugesicherte Maß an Vertraulichkeit und Anonymität zu gewährleisten. So sollte hinsichtlich der Vertraulichkeit bspw. offengelegt werden, wer Zugriff auf die Daten und Ergebnisse der Evaluation haben wird. Soll die Erhebung anonym durchgeführt werden, so sollte das Anonymisierungsverfahren möglichst deutlich, d. h.

detailliert und transparent erläutert und ggf. demonstriert werden, um Unsicherheiten zu beseitigen. Auch diese Informationen müssen den potenziellen Befragten vor der Teilnahme an der Untersuchung zugänglich gemacht werden.

Vertiefende Literatur

ADM (2001): Arbeitskreis Deutscher Markt- und Sozialforschungsinstitute e.V. Standards zur Qualitätssicherung für Online-Befragungen. URL: http://www.adm-ev.de/pdf/Onlinestandards_D.PDF [2008–03–20]

Converse, Patrick D.; Wolfe, Edward W.; Huang, Xiaoting; Oswald, Frederick L. (2008): Response Rates for Mixed-Mode Surveys Using Mail and E-mail/Web. In: American Journal of Evaluation, 29 (1), S. 99-107

Diekmann, Andreas (2008): Empirische Sozialforschung. Grundlagen, Methoden, Anwendungen. 18. Aufl., Reinbek bei Hamburg: Rowohlt (Kap. IX)

Göritz, Anja S. (2006): Incentives in Web Studies: Methodological Issues and a Review. In: International Journal of Internet Science, 1 (1), S. 58-70

Kromrey, Helmut (2006): Empirische Sozialforschung. Modelle und Methoden der standardisierten Datenerhebung und Datenauswertung. Stuttgart: Lucius & Lucius (Kap. 6)

Merkens, Hans (2000): Auswahlverfahren, Sampling, Fallkonstruktion. In: Flick, Uwe (Hrsg.): Qualitative Forschung. Ein Handbuch. Reinbek bei Hamburg: Rowohlt, S. 286–299

Ritter, Lois A.; Sue, Valarie M. (2007): The Use of Online Surveys in Evaluation. New Directions for Evaluation, No. 115. San Francisco: Jossey Bass (Kap. 3)

Simonson, Julia; Pötschke, Manuela (2006): Akzeptanz internetgestützter Evaluationen an Universitäten. Zeitschrift für Evaluation, 5 (2), S. 227-248

6. Datenaufbereitung für die Analyse

Ist die Datenerhebung abgeschlossen, so sind drei weitere Arbeitsschritte zu vollziehen, bevor mit der eigentlichen Auswertung der Daten begonnen werden kann: Erstens der Export der Daten aus der Datenbank, zweitens die Bereinigung und Anonymisierung der Antwortdatensätze und drittens der Import in entsprechende Programme zur qualitativen und quantitativen Datenanalyse.[17]

Export der Daten

Beim Export der Daten werden die Antwortdatensätze aus der Datenbank, in der sie während der Erhebung abgelegt wurden, in eine Datei auf der lokalen Festplatte gespeichert. Der Export der Daten erfüllt zwei Funktionen. Zum einen können die Daten nach dem Export in die Analyseprogramme eingelesen werden. Zum anderen dient die lokale Kopie der Daten als Datensicherung und es ist unbedingt empfehlenswert, die Datei ausreichend, ggf. mehrfach zu sichern, da sie die Grundlage aller weiteren Arbeit darstellt.

In der Regel wird beim Export der erhobenen Daten eine Datei erzeugt, in der die Antwortdatensätze in Tabellenform aufgelistet sind (ein Antwortdatensatz je Zeile, eine Frage je Spalte) und die im TXT- oder CSV-Format vorliegt. Dabei handelt es sich um universelle Dateiaustauschformate, die von den meisten Programmen, mit denen die Daten analysiert werden können (u.a. von MAXQDA, Excel und SPSS), problemlos verwendet werden können.

Die meisten Tools gestatten es, beim Export der Antwortdatensätze Einstellungen vorzunehmen, die den Importprozess im jeweiligen Programm vereinfachen. Sehr hilfreich ist auch die Funktionalität, standardisierte Antworten wahlweise im Klartextformat oder mit Antwortcodes zu exportieren. Im Klartextformat sind die Antworten auf standardisierte Fragen exakt so sichtbar, wie die Befragten sie auch sehen. Als Antworten auf die Fragen nach subjektivem Lernerfolg oder dem Bundesland, in dem das Abitur abgelegt wurde, wird also etwa »Sehr viel« oder »Sachsen-Anhalt« ausgegeben. In der Variante mit Antwortcodes hingegen wird anstatt der Klartextantworten die den Antworten zugeordnete Zahlenkodierung

---

17 Eine Schritt-für-Schritt-Anleitung zum Import der Daten in das Analyseprogramm MAXQDA findet sich im Internet unter www.e-valuation.de.

exportiert, d. h. »Sehr viel« wird bspw. durch eine »5« repräsentiert und anstatt des Textes »Sachsen-Anhalt« wird die Zahl »14« ausgegeben. Der Vorteil der Klartextantworten liegt in der guten Lesbarkeit, schließlich muss man sich nicht merken, welche Zahl für welche der Antwortmöglichkeiten steht. Diese Datei ist also sehr gut für die »menschliche« Bearbeitung geeignet. Die Datei mit den Antwortcodes hingegen bietet tiefer gehende statistische Auswertungsmöglichkeiten, so lassen sich bspw. ohne weiteres Mittelwerte für die standardisierten Antworten oder auch Korrelationen zwischen einzelnen Variablen errechnen. Eine dritte Variante des Datenformats für den Export ist die Ausgabe einer SPSS-Datei, die neben den eigentlichen Daten auch gleich die zugehörigen Wertelabels enthält. Diese Variante bietet sich immer dann an, wenn die Daten direkt in SPSS bzw. einem anderen Programm, das in der Lage ist, das SPSS-Dateiformat zu lesen, weiterbearbeitet werden sollen.

	A	B
1	Bundesland	gelernt
2	Berlin	viel
3	Sachsen-Anhalt	viel
4	Brandenburg	einiges
5	Bremen	sehr viel
6	Niedersachsen	wenig

	A	B
1	Bundesland	gelernt
2	3	4
3	14	4
4	4	3
5	5	5
6	9	2

Abb. 4: Daten in Excel mit Klartextantworten (links) und mit Antwortcodes (rechts)

Kontrolle und Bereinigung der Antwortdatensätze

> *Genauigkeitsstandard 6: Systematische Fehlerprüfung*
> Die in einer Evaluation gesammelten, aufbereiteten, analysierten und präsentierten Informationen sollen systematisch auf Fehler geprüft werden.

Bevor die Daten in die Analyseprogramme übernommen werden, ist es unabdingbar, die Datei zu kontrollieren und ggf. zu bereinigen. Zunächst sollte überprüft werden, ob der Export fehlerfrei funktioniert hat, also etwa alle Fragen und alle Antwortdatensätze enthalten sind und ob die Tabelle keine Fehler in der Zuordnung von Antworten zu Fragen aufweist. Hierzu sollte einerseits verglichen werden, ob der Umfang der exportierten Tabelle mit den Informationen, die das Erhebungstool über die Einträge in der Datenbank mit den Antwortdatensätzen zur Verfügung stellt, übereinstimmt und andererseits sollte in Augenschein genommen werden, ob die Spaltenaufteilung korrekt ist, also unter jeder Frage auch die zugehörigen Antworten stehen. Zum anderen sollte kontrolliert werden, ob die Daten bereinigt werden müssen, d. h. ob formal-logische Fehler wie leere Datensätze oder inkonsistente oder unplausible Daten zu korrigieren sind. Mit Hilfe von Kreuztabellen können inhaltliche Inkonsistenzen, also etwa sich widersprechende Aussagen auf ähnliche Fragen, leicht aufgespürt werden. Weiter ist es hilfreich, Häufigkeitsverteilungen zu erstellen, da hier extreme Werte sehr schnell auffallen. In unserem Fall gab eine Person bspw. an, im Jahr 1886 geboren zu sein – ein vergleichsweise einfach zu korrigierender Fehler. Schwieriger wird es in Fällen, in denen zwar mögliche, aber unwahrscheinliche Werte angegeben werden, bspw. die Aussage, täglich im Schnitt zehn Stunden zu telefonieren. Wie mit solchen Werten umzugehen ist, lässt sich nicht pauschal beantworten, im Allgemeinen gibt es drei Wege: Erstens kann der Wert unverändert übernommen und in die Auswertung einbezogen werden, zweitens kann er durch den Mittelwert der Gruppe, zu welcher der Proband gehört, ersetzt werden und drittens kann er gelöscht werden. Welcher dieser Wege zu beschreiten ist, muss unter der Maßgabe größtmöglicher Genauigkeit hinsichtlich der Forschungsfrage und unter forschungsethischen Gesichtspunkte abgewogen werden (vgl. Ritter/Sue 2007: 51 ff.).

Ob Rechtschreibfehler, die in qualitativen Online-Befragungen erfahrungsgemäß überdurchschnittlich häufig vorkommen, ebenfalls korrigiert werden, ist in erster Linie eine Frage der zur Verfügung stehenden Zeit, da dieser Arbeitsschritt sehr aufwändig ist. Ein pragmatischer Weg ist, die Fehler während der nachfolgenden Arbeitsschritte zunächst einfach unverändert stehen zu lassen und erst für die Präsentation oder für die Zitation im Bericht zu korrigieren (vgl. Kapitel 8, S. 84).

Die verwendeten Verfahren der Datenbereinigung und durchgeführte Korrekturen sind detailliert zu dokumentieren und in den Evaluationsbericht aufzunehmen.

Forschungsethik und Datenschutz: Anonymisierung und Datenaufbereitung

In der Phase der Datenaufbereitung sind im Wesentlichen zwei Aspekte des Themenkomplexes Forschungsethik und Datenschutz relevant: die Anonymisierung und die Datenaufbewahrung.

Anonymisierung

Wurde den Probanden zugesichert, die Daten nach ihrer Erhebung zu anonymisieren, oder erfordern es Gegenstand oder Zweck der Evaluation, so muss nun darauf geachtet werden, dass diese Anonymisierung auch tatsächlich in der angekündigten und notwendigen Art und Weise gewissenhaft durchgeführt wird – siehe hierzu auch den Abschnitt Forschungsethik und Datenschutz in Kapitel 5, S. 57. Das übliche Verfahren, im Interview vorkommende Namen von Personen, Orten oder Institutionen durch Decknamen zu ersetzen[18] ist dabei lediglich ein Teil der Gesamtstrategie zur Anonymisierung. Darüber hinaus gehört es unbedingt dazu, alle Daten, die eine Zuordnung von Fragebögen zu bestimmten Personen erlauben, direkt nach der Erhebung voneinander zu trennen und getrennt aufzubewahren. Die Personen- und Fragebogendaten können mit einer gemeinsamen Codenummer versehen werden, um ggf. noch eine Zuordnung vornehmen zu können. Diese Möglichkeit der Zuordnung muss jedoch zeitlich begrenzt sein, d.h. dass die Adressdaten baldmöglichst vernichtet werden müssen. *Baldmöglichst* bedeutet bei einmalig durchgeführten Befragungen *nach der Qualitätskontrolle der erhobenen Daten*, bei Wiederholungsbefragungen *unmittelbar nach dem Abschluss der Gesamtuntersuchung* (vgl. ADM 2001).

Eine nachträgliche Aufweichung der angekündigten Anonymisierungsstrategie ist nicht zulässig, auch, wenn sie weitere interessante Ergebnisse hervorbringen könnte. Eine solche nachträgliche Änderung würde, wie in Kapitel 5 dargestellt, unmittelbar gegen oberste Grundsätze der Forschungsethik und des fairen Umgangs mit den Probanden verstoßen.

Das Anonymisierungsverfahren ist zu dokumentieren und im Evaluationsbericht ist darauf hinzuweisen, dass eine Anonymisierung durchgeführt und nach welchen Kriterien dabei verfahren wurde.

Datenaufbewahrung

Zu allererst ist darauf zu achten, dass keine dritten Personen – d.h. keine Personen oder -gruppen, die den Probanden im Rahmen der Informationen zur informierten Einwilligung nicht genannt wurden – Zugriff auf die Daten erhalten können. Im Allgemeinen handelt es sich bei zugriffsberechtigten Personen um solche, bei denen es zur Erfüllung der Untersuchungsaufgabe notwendig ist, dass sie Zugang zu den gespeicherten Daten haben (vgl. ADM 1999). Bei Evaluationen kann diese Gruppe allerdings durchaus größer sein, oftmals gehören auch Geldgeber, Verantwortliche oder Mitarbeitende dazu.

Dauerhaft aufbewahrt werden dürfen im Allgemeinen, wie im Abschnitt *Anonymisierung* bereits dargestellt, lediglich die anonymisierten und bereinigten Daten. Die allgemein empfohlene Sicherung der erhobenen Daten muss dabei ebenfalls den Kriterien des Schutzes vor Zugriffen Unbefugter entsprechen. Eine CD, die lose auf dem Schreibtisch liegt, erfüllt die genannten Kriterien sicherlich nicht.

---

18 Um hierbei selbst den Überblick zu behalten, ist es empfehlenswert, eine Tabelle zu erstellen, in der die Zuordnungen festgehalten werden (vgl. Kuckartz 2007: 46f.).

Import der Daten in Analyseprogramme

Prinzipiell stehen für die Datenanalyse zwei Familien von Programmen zur Verfügung, nämlich Programme zur quantitativen Datenanalyse (Statistikprogramme) und Programme zur qualitativen Datenanalyse (QDA-Software). Programme zur quantitativen Datenanalyse gestatten es, das Instrumentarium der (sozialwissenschaftlichen) statistischen Datenanalyse auf das vorliegende Material anzuwenden, also etwa Mittelwerte, Korrelationen oder Skalenwerte zu berechnen. Programme zur qualitativen Datenanalyse hingegen erlauben es, Texte bzw. Textteile unterschiedlichen thematischen Aspekten bzw. Kategorien, zuzuordnen.[19] Als Kategorie wird allgemein ein Begriff oder eine kurze, prägnante Beschreibung bezeichnet (z. B. »Verbesserungsvorschläge« oder »Lernen außerhalb der Veranstaltung«). Dieser Kategorie werden dann inhaltlich entsprechende Textstellen zugeordnet – diese Tätigkeit wird als Codieren bezeichnet –, um sie themenbezogen zu bündeln, interpretieren und auswerten zu können.

Sollen mit den erhobenen Daten ausschließlich statistische Analysen durchgeführt werden, so kann die exportierte Datei direkt in einem entsprechenden Programm, etwa Excel, geöffnet werden. Neben Excel sind natürlich auch SPSS und SYSTAT in der Lage, TXT- bzw. CSV-Dateien direkt zu importieren. Allerdings sollten für den Import SPSS-Dateien bevorzugt werden, da sie bereits die Wertelabels beinhalten, die andernfalls vor Beginn der eigentlichen Auswertung noch vergeben werden müssten.

Auch, wenn die Daten in einem Programm zur qualitativen Datenanalyse bearbeitet werden sollen, ist es sehr empfehlenswert, die Datei zunächst mit einer Software, die auf die Bearbeitung von Tabellen spezialisiert ist – bspw. Excel –, zu öffnen. So lässt sich die Datei optimal für die Weiterverwendung vorbereiten: Sollen die Daten bspw. in MAXQDA bearbeitet werden, so würden die Antworten auf die standardisierten Fragen im Fließtext eher stören als unterstützen. Es ist ein leichtes, in Excel die standardisierten Fragen zu löschen und so nur die Antworten auf Freitextfragen auszuwählen, dazu müssen einfach die Spalten, die standardisierte Fragen und die Antworten dazu enthalten, gelöscht werden.

Die so vorbereiteten Daten können dann ohne Probleme erneut gespeichert und in MAXQDA oder ähnliche Programme übernommen und analysiert werden. MAXQDA bietet die besondere Funktion, die Daten aus einer Exceltabelle automatisch zu codieren. Dabei wird jede Antwort auf eine bestimmte Frage beim Einlesen der Daten in MAXQDA einer Kategorie zugewiesen, die der zugehörigen Frage entspricht. Diese erste Codierung gestattet es, in MAXQDA Antworttexte unkompliziert und gezielt fragebezogen aufzurufen, etwa nach dem Schema »Welche

---

[19] Die Erstellung eines Kategoriensystems und das Vorgehen bei der Auswertung der Daten werden in Kapitel 8 detailliert beschrieben.

Antworten haben die Befragten auf die Frage 3 gegeben?« und erleichtert dadurch die Erkundung des Materials. Weiter gestattet MAXQDA den Import standardisierter Antworten. Der Vorteil dieser Integration liegt darin, dass auch diese Informationen für die Auswertung genutzt werden können. Es ist möglich, sämtliche standardisiert erhobenen Daten, also z. B. die Mathenote im Abitur und die Bewertung der Veranstaltung, als Filterkriterien einzusetzen, um sich nur die Antworten bestimmter Probanden anzeigen zu lassen, etwa die jener Befragten, die in Mathe schlecht waren und die Veranstaltung als positiv bewerten.

So haben wir es gemacht

Zunächst haben wir auf die Auswertungsfunktionen von LimeSurvey zurückgegriffen und uns eine statistische Zusammenfassung aller standardisierten Fragen generieren lassen. Anschließend haben wir die Daten aus LimeSurvey einmal mit Antwortcodes und einmal mit Antworttexten exportiert und so aufbereitet, dass wir sie direkt in Excel, SYSTAT und MAXQDA verwenden konnten. Danach wurden die Daten bereinigt und anonymisiert. Rechtschreibfehler, von denen in den Freitextantworten zahlreiche vorhanden waren, wurden aus Zeitgründen nicht korrigiert. Nach dem Import in MAXQDA haben wir für eine effiziente Auswertung der Daten jedem Text als Variablen die Antworten auf die standardisierten Fragen des Fragebogens zugewiesen. Außerdem wurden die Antworten frageweise automatisch vorcodiert, so dass die Antworten aller 194 Probanden auf eine bestimmte Frage gezielt aufgerufen werden konnten. Eine detaillierte Schritt-für-Schritt-Anleitung zur Übernahme der Daten ist im Internet unter der Adresse www.e-valuation.de zu finden.

Vertiefende Literatur

Ritter, Lois A.; Sue, Valarie M. (2007): The Use of Online Surveys in Evaluation. New Directions for Evaluation, No. 115. San Francisco: Jossey Bass (Kap. 7)

7. Datenexploration: fallorientiert und fallübergreifend

Nachdem alle Daten erfolgreich aufbereitet und in die Analysesoftware importiert wurden, kann die erste Erkundung der Daten beginnen. Maßgebend für alle Schritte der jetzt beginnenden Auswertung ist neben den allgemeinen Standards »Transparenz von Werten« (N5) und »Unparteiische Durchführung und Berichterstattung« (F4) der Standard 7 aus dem Bereich »Genauigkeit«:

> *Genauigkeitsstandard 7: Analyse quantitative und qualitativer Informationen*
> Qualitative und quantitative Informationen einer Evaluation sollen nach fachlichen Maßstäben angemessen und systematisch analysiert werden, damit die Fragestellungen der Evaluation effektiv beantwortet werden können.

Das Ziel der ersten Auswertungsphase ist es, ein Gefühl für die in den Daten vorhandenen Beziehungen zwischen den verschiedenen Merkmalen zu entwickeln und die Antworten auf die offenen Fragen der Befragung erstmals zu lesen und sich einen Überblick über das Antwortspektrum zu verschaffen. Bei Daten wie den hier als Beispiel benutzten, die sowohl standardisierte Daten als auch Antworten auf offen gestellte Fragen enthalten, bietet sich zudem die Möglichkeit einer fallorientierten Analyse an. Dabei werden nicht nur die Merkmale des gesamten Samples Merkmal für Merkmal ausgewertet, wodurch sich eine eher variablenbezogene Sichtweise auf die Realität der evaluierten Lehrveranstaltung ergibt, sondern man betrachtet die Personen und ihre Antworten in ihrer jeweiligen Gesamtheit. Fallorientiert heißt also, die Antworten eines Falles auf alle offenen Fragen zusammen mit den Antworten auf die standardisierten Fragen auszuwerten und sich auf diese Weise einen Eindruck über jede Person, z.B. über ihr Teilnahmeverhalten, über ihre Gefühle, ihre Bewertungen und ihre Verbesserungsvorschläge zu verschaffen. Dies ist eine prinzipiell andere Vorgehensweise als sie üblicherweise bei der quantitativen Auswertung von mit standardisierten Instrumenten erhobenen Forschungsdaten praktiziert wird. Dort wird eher variablenorientiert gearbeitet, d.h. es dominiert eine eher atomistische Betrachtungsweise, bei der die erhobenen Merkmale nur in aggregierter Form als Verteilungen und Lageparameter betrachtet werden, hinter denen sich die Personen als Entitäten gewissermaßen in die Zahlen von Tabellenzellen auflösen.

Anders als einseitige qualitative oder quantitative Daten werfen Mixed Methods-Daten natürlich die Frage auf, in welcher Reihenfolge man mit der Datenerkundung beginnen soll: zuerst mit den quantitativen Daten, zuerst mit den qualitativen oder mit beiden Datenarten parallel zur gleichen Zeit. Auf diese Frage lässt sich keine Antwort mit einer allgemeingültigen Handlungsanweisung geben, denn es hängt zuallererst von der Wertigkeit ab, die man den beiden Datentypen im jeweiligen Projekt und für die jeweilige Evaluation zuschreibt. Liegt die Priorität der Evaluation eindeutig auf den quantitativen Daten (und damit eher auf *Messung*), so sollte man auch mit der Erkundung dieses Datentyps beginnen. Genauso verhält es sich, wenn umgekehrt die qualitativen Daten Priorität genießen, es also eher um die *Motive und die Begründungen von Bewertungen sowie um die Verbesserung* des Evaluationsgegenstands geht. In diesem Fall sollte man mit der Exploration der qualitativen Daten beginnen. Wenn, wie im Fall der hier vorgestellten Evaluation beiden Datenarten in etwa das gleiche Gewicht zukommt, sollte man auch die Erkundung der beiden Datenarten miteinander verschränken und dann, wenn es sich anbietet, zwischen beiden Datenarten hin und her wechseln. Die hier folgende Form der Darstellung unserer Datenerkundung geschieht allerdings so, dass die qualitative und quantitative Datenerkundung hintereinander behandelt werden. Im Prozess der Analyse war die Bearbeitungsform zeitweise eher parallel, für die Form der Darstellung erschien es aber sinnvoller, die Vorgehensweise stärker systematisch zu beschreiben und die verschiedenen Schritte hintereinander zu platzieren.

Fallorientierte Erkundung der Daten

Auswahl von Fällen für die Erkundung

Es ist empfehlenswert, die Erkundung der Antworten, die die befragten Studierenden auf die offenen Fragen gegeben haben, mit einem fallorientierten Zugriff zu beginnen. Dabei ist es sinnvoll, bei der Lektüre der Antworten auch gleichzeitig den Zugriff auf die Merkmale der Studierenden zu haben, die im standardisierten Teil des Fragebogens erhoben wurden. Bei 194 befragten Personen ist es zeitökonomisch nicht vertretbar, alle Personen auf diese Weise durchzuarbeiten. Falls man nicht als Team, sondern als einzelner Evaluator oder einzelne Evaluatorin die Datenerkundung beginnt, sollte man mindestens 5 bis 10 % der Fälle zufallsgesteuert auswählen. Wenn die Evaluationsgruppe aus mehreren Mitgliedern besteht, kann man mehr Fälle erkunden. Es bietet sich dann an, die Daten der Evaluationsstichprobe gezielt zuzuteilen, am besten innerhalb des gesamten Datensatzes verstreut. Man sollte bei einer Online-Befragung unbedingt beachten, dass man sowohl diejenigen berücksichtigt, die schon zu Beginn der Erhebungsphase geantwortet haben, als auch die spät Antwortenden und nicht etwa nur die ersten 5 bis 10% der Fälle des Datensatzes in die Exploration einbezieht. Es ist ja durchaus denkbar, dass diejenigen, die zu Beginn des Erhebungszeitraums geantwortet haben, stärker motiviert sind und deshalb längere Texte schreiben, als diejenigen, die erst nach der ersten oder zweiten Mahnung antworten.

Eine theoretisch gesteuerte Selektion von Fällen (bspw. Quotierung nach bestimmten Merkmalen) ist zwar prinzipiell möglich, es ist aber fraglich, ob sich hierdurch tatsächlich diese erste Phase der Datenerkundung verbessern lässt. Vielmehr kann man vermuten, dass man den Blickwinkel unnötig durch eine theoretisch motivierte Auswahl einengt und sich zu stark von den eigenen Vorab-Kategorisierungen leiten lässt.

Auswahl von »Hintergrundvariablen« für die Erkundung der Antworttexte

Es ist hilfreich, wenn man bei der Lektüre der Antworttexte auf Informationen über die Merkmale der jeweiligen Personen zurückgreifen kann. Dieses »Hintergrundwissen« erleichtert die Exploration und ist für die Entwicklung von Auswertungsideen förderlich. Das Programm MAXQDA bietet die Möglichkeit eine Auswahl von interessierenden Variablen zusammenzustellen, die man in Kombination mit den Texten einsehen möchte. Wir haben für die erste Erkundung folgende Auswahl von Variablen vorgenommen (vgl. Abb. 5):

- Geschlecht
- Geburtsjahr
- Bewertung der Lehrveranstaltung insgesamt (Schulnote)
- Ich habe in der Veranstaltung gelernt (Skala »sehr viel« bis »sehr wenig«)
- Haltung zu dem Statement »Es ist gut, dass das Forschungsprojekt Bestandteil der Lehrveranstaltung ist«
- Häufigkeit der Teilnahme am Tutorium
- Mathematiknote im Abitur (Angabe in Punkten)

Sinn und Zweck dieser Form der Exploration der Daten einzelner Personen ist die gemeinsame Betrachtung von Antworttexten (oberes Fenster) und relevanten Hintergrundvariablen (unteres Fenster). Links vor den Texten sind die beim Importieren des Textes in die QDA-Software automatisch eingefügten Codierungen zu erkennen. Man sollte die Zahl der für die Anzeige ausgewählten Variablen eher klein halten, denn sonst wird die Bildschirmdarstellung leicht unübersichtlich und statt der Möglichkeit, schnell noch einige Zusatzinformationen durch Blick auf die Variablenwerte zu erhalten, wird die Informationsfülle so groß, dass sie eher als Hindernis empfunden wird. Die Variablenwerte lassen sich bei diesem Erkundungsschritt erheblich schneller und besser erfassen, wenn sie wie in der obigen Abbildung als Stringvariable, also als Text, und nicht als Zahlen codiert sind (vgl. Kapitel 6).

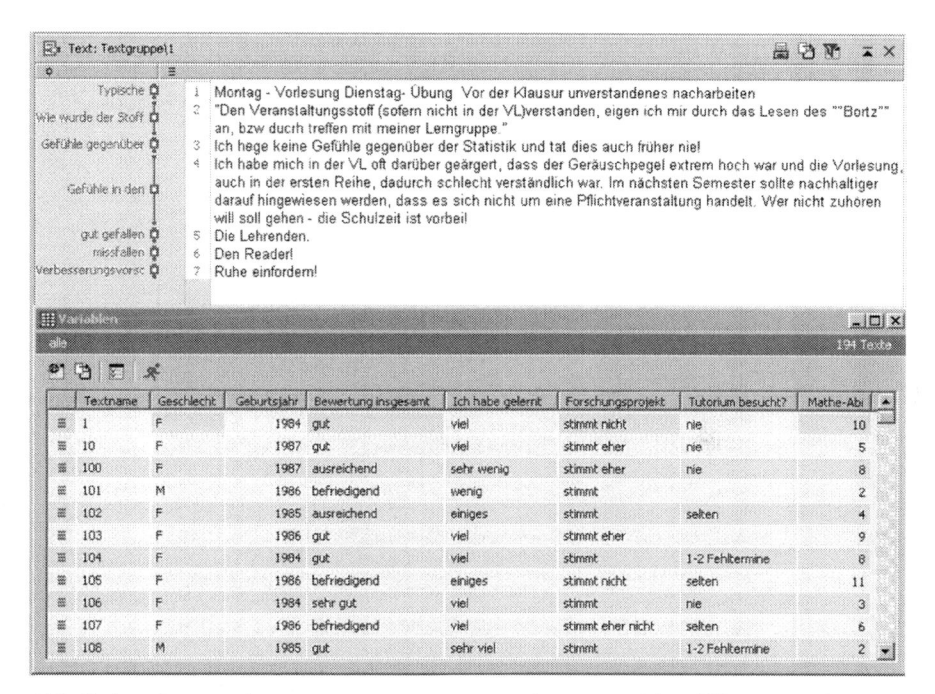

Datenexploration: fallorientiert und fallübergreifend 69

Abb. 5: Anzeige von Antworttexten zusammen mit ausgewählten Hintergrundvariablen in MAXQDA

Case Summarys für die ausgewählten Texte erstellen

Es empfiehlt sich nun, so genannte »Case Summarys« zu erstellen. Ein solches Case Summary stellt eine kurze, stichwortartige Beschreibung einer Person mit Blick auf den Zweck der Evaluation (hier besonders das Lernverhalten) dar. Case Summarys erbringen eine integrative Leistung und lassen gewissermaßen eine lebendige Person vor dem Auge des Evaluators erstehen. Hier wurde so vorgegangen, dass die im standardisierten Teil der Befragung verfügbaren persönlichen Daten (Alter, Geschlecht etc.) sowie die für die Statistiklehrveranstaltung sicher nicht irrelevante Mathematiknote im Abitur in Zusammenhang mit den Antworten auf die offenen Fragen gestellt wurden: Welche Teile der Lehrveranstaltung hat die Person wie häufig besucht? Mit welchen Hilfsmitteln hat sie gelernt? Welche Gefühle hatte sie gegenüber dem Lehrstoff? Wie bewertet sie die Veranstaltung und den Dozenten?

Bei diesem ersten Schritt der Auswertung sollte man sich mit Interpretationen eher zurückhalten, sondern im Stil der zusammenfassenden qualitativen Inhaltsanalyse (vgl. Mayring 2007: 59 ff.) vorgehen, d. h. den wesentlichen Gehalt von Aussagen paraphrasierend wiedergeben. Die stichwortartige Aufzählung in Form von Spiegelstrichen ist deshalb auch einem ausformulierten Text vorzuziehen.

Da der Umfang des Datenmaterials, das bei einer Online-Befragung erhoben wird, im Vergleich zu offenen Interviews traditionellen Typs nicht sonderlich groß ist, handelt es sich hier um eine relativ einfache und kurze Form eines Case Summarys. Solch stichwortartigen Zusammenstellungen erlauben einen ganzheitlichen Blick auf die Charakteristik einer Person und auf die Komplexität der vorgefundenen Zusammenhänge. Die Personen werden gewissermaßen lebendig, man kann die Sinnhaftigkeit ihres Verhaltens nachvollziehen, bspw. »versteht« man, warum eine Studentin, die in der Schule 13 Punkte im Mathe Leistungskurs hatte, nicht das Tutorium der Lehrveranstaltung besucht hat und warum sie hauptsächlich selbstständig zu Hause gelernt hat. Motive, Begründungen und Zusammenhänge werden deutlich.

Es ist empfehlenswert, die Vorgehensweise bei der Bearbeitung der ausgewählten Fälle und der Erstellung der Case Summarys zu variieren, d. h. vielleicht das eine Mal mit der Lektüre der standardisierten Daten zu beginnen und das andere Mal mit der Lektüre der Antworttexte. Um die Wahrnehmung zu schärfen, kann man auch eine Art virtuelles Quiz einführen und bspw. die standardisierten Daten zunächst ausblenden und aufgrund des Antworttextes raten, welche Mathematik-Note die Person im Abitur hatte, wie sie die Veranstaltung wohl bewertet und ob sie angibt, viel oder wenig gelernt zu haben.

Zur Verdeutlichung sind im Folgenden zwei Case Summarys wiedergegeben. Für den Vergleich mit anderen Personen ist es nützlich, diese jeweils mit einer Überschrift zu versehen, die ein charakteristisches Label für die Merkmale der Person darstellen sollen.

Case-Summary der Person 26
Viel gelernt, selbstständige Lernerin, positives Urteil – Frau, 18 Jahre, Abi-Mathenote 9 Pkt.
- Bewertet die Lehrveranstaltung mit »sehr gut«
- Hat in der Lehrveranstaltung viel gelernt
- Hat nie das Tutorium besucht
- Hat die Lehrveranstaltung regelmäßig besucht und sich den Stoff sehr selbstständig angeeignet
- Im Verlauf der Lehrveranstaltung ist sie immer sicherer geworden, die Abschlussklausur auch zu bestehen
- Das Lehrbuch (Bortz) findet sie unverständlich geschrieben
- Den Dozenten fand sie freundlich und hilfsbereit, die Beispiele nützlich und die Übungen hilfreich
- In der Veranstaltung war es ihr zu laut

> **Case-Summary der Person 28**
> *Drei-Stufen-Lernerin ohne rechte Lust auf Statistik – Frau, 21 Jahre, Abi-Mathenote 7 Pkt.*
> - Bewertet die Lehrveranstaltung mit »ausreichend«
> - Hat in der Lehrveranstaltung viel gelernt
> - Hat immer das Tutorium besucht und alles erst dort, also quasi auf Stufe 3 verstanden
> - Sie hat das Lehrbuch nicht benutzt, sondern nur den Reader
> - Es ist ihr zwar bewusst geworden, dass sie als angehende Pädagogin Statistik brauchen wird, aber sie hat trotzdem einfach keine Lust dazu

Wie die beiden Beispiele zeigen, kann man bereits auf der Basis dieser sehr stark komprimierten Informationen durchaus verschiedene Lernstile und Herangehensweisen an die Lehrveranstaltung erkennen.

Die Daten von 5 bis 10 Prozent der Befragten auf diese Weise durchzuarbeiten und stichwortartig als Case Summarys darzustellen, kostet einige Zeit und Mühe, ist aber äußerst hilfreich, um sich die Befragten als Personen zu vergegenwärtigen und das Augenmerk auf einige kritische Punkte zu lenken, die es wert sind, im Fortgang der Analyse vertieft zu werden. So haben wir nach der Bildung von zehn Case Summarys bereits erkennen können, dass es offenbar sehr verschiedene Arten und Weisen gibt, den Lernprozess zu gestalten:

- Die erste erkennbare Lernform ist durch *Selbstständigkeit* gekennzeichnet: Man besucht primär die Vorlesung und erarbeitet sich dann mit Reader und Lehrbuch den Stoff sehr eigenständig, wobei einige Befragte immer die Übung besuchen, während andere nur die Übungszettel mitnehmen, diese zu Hause lösen und die eigenen Lösungen mit den im Internet verfügbaren Musterlösungen vergleichen. Jedenfalls verzichten alle Studierenden, die diese Lernform bevorzugen, völlig auf den Besuch des Tutoriums. Man hat offenbar immer recht gute Mathe-Voraussetzungen, was in einer guten bis sehr guten Abiturnote zum Ausdruck kommt.
- Eine völlig andere Form der Stoffaneignung könnte man mit Blick auf die drei Teile der Lehrveranstaltung als »angeleitetes Drei-Stufen-Lernen« bezeichnen. Hier gibt nicht Selbständigkeit den Ton an, sondern man will an die Hand genommen und zum Lernerfolg geführt werden. Die Studierenden, die diese Form des Lernens praktizieren, durchlaufen alle drei Bestandteile der Veranstaltung so, dass sie Stufe für Stufe mehr verstehen und die Stufen auch jeweils positiver beurteilen.
- Eine dritte Art des Lernens, die mit den beiden zuvor genannten Lernformen wenig gemeinsam hat, ist eher durch ein mangelndes Interesse gekennzeichnet: Man will hauptsächlich »durchkommen«, findet es aber ansonsten »den Horror«.

Weiterführende Auswertungsideen entwickeln

Während der Lektüre der Texte werden einem unweigerlich Textstellen auffallen, die besonders Interessantes und Bemerkenswertes enthalten, Textstellen, bei denen man gleich das Gefühl hat, dass hier etwas besonders gut auf den Punkt gebracht wird und man diese Stellen möglicherweise später noch gut als Zitat benutzen könnte. Solche Stellen sollte man markieren, am besten mit Hilfe eines elektronischen Textmarkers[20].

Die fallorientierte Erkundung der qualitativen Daten hat die wichtige Funktion, bei den Evaluatoren und Evaluatorinnen das Gefühl für die Komplexität der Daten zu wecken. Sie erhalten erste Hinweise darauf, welche Personen die Veranstaltung positiv und welche sie negativ bewerten und was der jeweilige *Kontext* der Bewertung ist. In dieser Phase der Datenerkundung sollte man auch Techniken anwenden, die man unter dem Begriff *Serendipity* zusammenfassen könnte.

Der Begriff *Serendipity* bezeichnet eine zufällige neue Entdeckung, das Auffinden eines überraschenden Zusammenhangs, den man nicht gezielt gesucht hat (vgl. Merton/Barber 2003). Für diese Form explorierender Datenanalyse bieten sich einige interessante Möglichkeiten. So lässt sich die Datenmatrix der quantitativen Daten nach jeder beliebigen Variablen aufsteigend oder absteigend sortieren und es lassen sich auf einen Mausklick hin die jeweiligen Antworttexte auf die offenen Fragen lesen. Auf diese Weise kann man gezielt Personen herausgreifen, die bspw. angeben »sehr viel« oder auch »sehr wenig« gelernt zu haben und sich für diese Personen die Antworttexte näher anschauen.

An einem bestimmten Punkt der Exploration der Antworttexte der offenen Fragen wird zudem unweigerlich der Wunsch entstehen, auch einen Überblick über den standardisierten Teil des Datenmaterial zu bekommen, und einen solchen wollen wir uns an dieser Stelle auch zunächst verschaffen, bevor es mit der eigentlichen, systematischen Auswertung der offenen Fragen weitergeht.

Fallübergreifende Erkundung der quantitativen Daten: die Grundauszählung

Jede Auswertung quantitativer Daten sollte mit einer Grundauszählung der Variablen und – soweit aufschlussreich – der Berechnung von statistischen Kennwerten für die zentrale Tendenz (Mittelwert, Median) und die Streuung (Varianz, Standardabweichung) beginnen. Für die geschlossenen Fragen unserer Evaluation wur-

---

20 In MAXQDA lässt sich hierfür sehr gut die Funktion des Color-Coding nutzen. Bei dieser wird der Text, ähnlich wie dies ein Textmarker bei einer Textstelle in einem Buch tut, mit einer bestimmten Farbe eingefärbt. Solche besonders markierten Stellen lassen sich dann bei der späteren Auswertung schnell und einfach wieder finden.

den Grundauszählungen nach einem einheitlichen Grundmuster erstellt, die folgende Abbildung zeigt die Tabellen für drei ausgewählte Fragen aus dem Themenkomplex »Bewertung von Dozent und Lernsituation«.

Frage	stimmt nicht	stimmt eher nicht	stimmt eher	stimmt	keine Antwort	Mittelwert*
	1	2	3	4		
Die Veranstaltung verläuft nach einer klaren Gliederung.	1 (0,5%)	3 (1,5%)	36 (18,5%)	153 (78,5%)	2 (1,0%)	3,77
Die Hilfsmittel zur Unterstützung des Lernens (z.B. Literatur, Arbeitsmaterialien) sind ausreichend und in guter Qualität vorhanden.	2 (1,0%)	19 (9,8%)	75 (38,5%)	95 (48,7%)	4 (2,1%)	3,38
Der Dozent fördert mein Interesse am Themenbereich.	21 (10,8%)	84 (43,1%)	65 (33,3%)	21 (10,8%)	4 (2,1%)	2,45

Anweisung: Bitte geben Sie an, in wieweit Sie der jeweiligen Aussage zur Veranstaltung zustimmen.
* Mittelwert der Antwortcodes 1 bis 4: Je höher der Wert, desto größer die Zustimmung

Tab. 3: Grundauszählung für drei Variablen aus dem Bereich »Dozent und Lernsituation« mit absoluten und relativen Häufigkeiten

Die Grundauszählung aller Fragen zeigt, dass Vorlesung und Übung von fast 90% der Studierenden regelmäßig besucht wurden, während das Tutorium für die Hälfte der Studierenden gar keine Rolle spielte. Bis auf wenige Ausnahmen loben die Studierenden die gute Gliederung und Strukturierung der Veranstaltung, das freundliche und respektvolle Verhalten des Dozenten sowie die zur Verfügung gestellten Lernmittel. Mit einer Gesamtnote von 2,4 wird die Veranstaltung im Durchschnitt recht gut beurteilt, allerdings zeigt sich ein breites Antwortspektrum. Mehr als 90% geben an, in der Veranstaltung etwas gelernt zu haben, wobei die Ansichten über das Übungsprojekt, das Teil der Veranstaltung ist, weiter auseinander gehen. Trotz der geäußerten Kritik würde es aber die große Mehrheit befürworten, weiterhin ein Übungsprojekt im Rahmen der Veranstaltung vorzusehen. Die auf den ersten Blick nicht so leicht nachvollziehbaren Einschätzungen des Übungsprojekts legen es nahe, hier gezielte Zusammenhangsanalysen zu planen, die dann in der zweiten Auswertungsphase vorgenommen werden.

Bei der Auswertung der Häufigkeiten empfiehlt es sich, solche Ideen für Zusammenhangsanalysen sowie Anmerkungen und Auffälligkeiten in Form von Memos festzuhalten.

Die weitere gezielte Erkundung des qualitativen Datenmaterials: Worthäufigkeiten, Begriffs- und Themenerkundung

Bei der ersten Erkundung wird es auch geschehen, dass einem bei der Lektüre der Antworttexte bestimmte Begriffe auffallen, die im Kontext der Evaluation eine besondere Bedeutung haben bzw. haben könnten. So taucht in manchen Antworttexten das Wort »Angst« in Bezug auf den Lehrstoff »Statistik« und die zu Semesterende anstehende Abschlussklausur auf. Nach dem Begriff »Angst« lässt sich in den Texten gezielt suchen und die entsprechenden Textstellen lassen sich automatisch codieren. Sortiert man die Variablentabelle nach der auf diese Weise gebildeten Variablen »Angst«, scheinen diese Probanden auf den ersten Blick die Veranstaltung eher positiver als der Durchschnitt zu bewerten. Hier kommt es aber letztendlich auf eine statistische Überprüfung des Zusammenhangs an (siehe Kapitel 9), auf den ersten Blick ist hier keine endgültige Aussage möglich. Bereits zu diesem Zeitpunkt ist es allerdings mit Hilfe der neu gebildeten Variablen möglich, direkt auf die betreffenden Texte zuzugreifen. So lässt sich eine Art »Kompendium der Angst« erstellen. Hier einige Auszüge:

> »Ich hatte Angst, die sich von Kapitel zu Kapitel verstärkt hat, ich weiß nicht, wie ich die Aufregung vor der Klausur überleben soll.« (20)

> »Mathe war nie meine Stärke- es war immer sehr themenabhängig. Stochastik gehörte leider nicht zu einem beliebten Thema. Die Angst vor Statistik hat sich jedoch im Laufe des Semesters verändert. Vieles war sogar interessant und hat Spaß gemacht. Vor dem Beginn des Semesters hatte ich ziemlich Angst vor Statistik. Die »große horrorartige Angst« :-) hat mir dann aber Herr Muster mit seiner freundlichen Art schon zu einem großen Teil genommen. Jetzt merke ich, dass es doch nicht soooo schlimm war und manches sogar Spaß gemacht hat.« (178)

> »Hatte in Mathe von klein auf immer schon Schwierigkeiten (einzige erfreuliche Ausnahme war Geometrie). Hatte in Mathe schon früh mit Lernblockaden und Prüfungsangst zu kämpfen. Das zog sich kontinuierlich bis in die Oberstufe durch. Das alles hat dazu geführt das ich an der Uni auch nicht gerade relaxed an den Stoff rangehen konnte. Hatte schon Angst davor den Anforderungen nicht zu genügen. Rückblickend muss ich aber sagen, dass ich selten so guten Unterricht in Mathe hatte wie hier. Organisation und Vorbereitung waren gut und hilfreich, der Umgang mit den Studis immer ruhig, geduldig und respektvoll.« (177)

Ausblick auf den weiteren Fortgang der Auswertung

Was die Ergebnisse der statistischen Häufigkeitsauswertung des standardisierten Befragungsteils betrifft, so zeigen sich dort selbstverständlich beträchtliche Streuungen. Die Veranstaltung und ihre Teilbestandteile werden von wenigen Befragten als sehr gut oder sehr schlecht beurteilt, das Gros platziert sich in der Mitte und Mittelwert oder Median sind die adäquaten Parameter um die zentrale Tendenz der Verteilungen zu kennzeichnen. Diese Kennwerte haben isoliert betrachtet kaum einen Aussagewert. Sie gewinnen erst an Bedeutung, wenn man sie entweder auf dem Hintergrund einer normativen Vorgabe bewertet (bspw. bei der Zielvorgabe: »Alle Lehrveranstaltungen unseres Instituts sollen im Durchschnitt mit mindestens 2,5 bewertet werden«) oder sie in Relation zu den Werten anderer Lehrveranstaltungen betrachtet werden. Hierbei könnte es sich anbieten, Vergleiche mit der Bewertung der gleichen Veranstaltung in den Vorjahren zu ziehen oder die Veranstaltung mit anderen Vorlesungen zu vergleichen.

Die erste Erkundung der erhobenen Daten generiert möglicherweise auch noch einige zusätzliche Fragen oder Hypothesen, die zunächst nicht im Katalog der Evaluationsfragestellungen enthalten waren. Selbstverständlich sollte man so flexibel sein, diese Fragen auch jetzt noch in den Katalog der Evaluationsfragen aufzunehmen. Man sollte es allerdings mit solchen Erweiterungen nicht übertreiben, denn sehr leicht besteht die Gefahr eines »lost in correlations«, d.h. dass man fortwährend neue Fragen nach Zusammenhängen generiert, wesentlich mehr, als eigentlich für den ursprünglich festgelegten Evaluationszweck notwendig wären.

Vertiefende Literatur

Diekmann, Andreas (2008): Empirische Sozialforschung. Grundlagen, Methoden, Anwendungen. vollst. überarb. und erw. Neuausg., 18. Aufl., Reinbek bei Hamburg: Rowohlt (Kap. XIV)

Kuckartz, Udo; Dresing, Thorsten; Rädiker, Stefan; Stefer, Claus (2008): Qualitative Evaluation. Der Einstieg in die Praxis. 2. akt. Aufl., Wiesbaden: VS-Verlag (Kap. 2, Schritt 4)

Merton, Robert K.; Barber, Elinor (2003): The Travels and Adventures of Serendipity. A Study in Sociological Semantics and the Sociology of Science. Princeton: Princeton University Press

8. Vertiefende Analyse: Kategorienbasierte Auswertung der qualitativen Daten

Bei der nun folgenden detaillierten Auswertung empfiehlt es sich, in zwei Schritten vorzugehen. Zunächst werden die qualitativen Daten kategorienbasiert ausgewertet (Kapitel 8), im nächsten Schritt schließt sich dann eine Analyse an, die sowohl die qualitativen als auch die quantitativen Daten einbezieht (Kapitel 9).

Unter einer kategorienbasierten Auswertung verstehen wir die Zuordnung von Textpassagen zu thematischen, für die Auswertung relevanten Kategorien.[21] Eine Kategorie dient in erster Linie dazu, die Antworttexte zu strukturieren und zu segmentieren, um sie einer systematischen, thematischen Analyse zugänglich zu machen. Bildlich gesprochen entspricht eine Kategorie einem Container mit einem eindeutigen Label, in dem Textstellen zu einem Thema gesammelt werden. Als Kategorie kommen neben einzelnen Worten (»Projektarbeit«), auch Themenbezeichnungen (»Austausch mit Freunden«) und Kurzsätze (»Wie wurde der Stoff erarbeitet?«) in Frage. Eine Kategorie wird häufig auch als *Code* bezeichnet und der Vorgang, Textstellen passenden Kategorien zuzuordnen, wird dementsprechend *codieren* genannt (vgl. Kuckartz 2007). Wenn man die Antworttexte aller Befragten ausdrucken würde, könnte man sich das Codieren so vorstellen, dass man bspw. alle Textstellen zur Projektarbeit rot unterstreicht. Dieser Vorgang lässt sich komfortabel am Computer durchführen und ermöglicht das schnelle und einfache Codieren sowie Wiederfinden und Anzeigen von Textstellen, die dem gleichen Code zugeordnet sind.

---

21 Auch wenn mitunter grundlegend verschiedene sozialwissenschaftliche Ansätze zur systematischen Textanalyse existieren, so ist dem Großteil von ihnen eines gemeinsam: die Auswertung der Texte anhand von Kategorien. Die verschiedenen Ansätze stellen die Verwendung von Kategorien unterschiedlich stark in den Mittelpunkt, z.B. spielen Kategorien und deren Entwicklung eine besonders wichtige Rolle in der Grounded Theory (Glaser/Strauss 1998). Die hier vorgestellte Methode der kategorienbasierten Auswertung ist keinem dieser Ansätze direkt zugeordnet, sondern versteht sich als Anleitung, die bei Bedarf an die Voraussetzungen der verschiedenen Ansätze adaptiert werden kann.

Das Kategoriensystem erstellen

Für die Analyse ist es sinnvoll, Kategorien in einer baumartigen Struktur in einem hierarchischen Kategoriensystem angeordnet. Die folgende Abbildung zeigt, wie für alle sieben offen gestellten Fragen eine Kategorie auf der obersten Kategorieebene angelegt wurde.

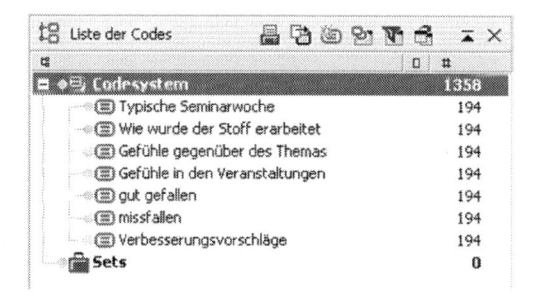

```
Liste der Codes
Codesystem                              1358
    Typische Seminarwoche                194
    Wie wurde der Stoff erarbeitet       194
    Gefühle gegenüber des Themas         194
    Gefühle in den Veranstaltungen       194
    gut gefallen                         194
    missfallen                           194
    Verbesserungsvorschläge              194
Sets                                       0
```

Abb. 6: Das Kategoriensystem zu Beginn der kategorienbasierten Auswertung (in MAXQDA)

Hinter jeder der sieben Kategorien verbergen sich jeweils die Antworten von 194 Studierenden, die es zu analysieren gilt. Natürlich könnte man sich die zahlreichen Antworten einfach durchlesen und anschließend versuchen, die Evaluationsfragen zu beantworten. Dies wäre bei einer hohen Fallzahl und der damit einhergehenden Vielfalt der Antworten nur für Gedächtnisakrobaten leistbar. Für eine effiziente und methodisch kontrollierte Auswertung müssen stattdessen für jede der sieben Hauptkategorien Unterkategorien erarbeitet werden, die es ermöglichen, klare und eindeutige Aussagen zu bestimmten thematischen Aspekten zu treffen. Um solche Unterkategorien zu erstellen, sind zwei verschiedene Vorgehensweisen denkbar: Entweder geht man fallweise vor, analysiert also die Antworten einer Person auf alle sieben Fragen und geht zum nächsten Fall weiter, solange bis man alle 194 Personen abgearbeitet hat. Oder man arbeitet sich Frage für Frage vorwärts und schaut jeden Fall sieben Mal durch – jedes Mal hinsichtlich einer anderen Frage.

Wir haben uns bei der Auswertung Frage für Frage vorgenommen, denn dies ist in fast allen Fällen der einfachere Weg. Der Grund dafür liegt auf der Hand: Anders als bei der Erkundung der Daten, bei der einzelne Fälle »herausgepickt« werden und die einzelnen Fälle im Zentrum der Aufmerksamkeit stehen (vgl. Kapitel 7), müssen jetzt *alle* Fälle thematisch analysiert werden. Die einzelnen Fälle treten dabei in den Hintergrund, die unterschiedlichen Themenaspekte gewinnen an Bedeutung. Zudem betreffen die sieben Fragen sehr unterschiedliche Themenbereiche und es ist kaum leistbar, zwischen diesen ständig gedanklich zu springen.

Wie lassen sich nun konkret für die sieben Fragen Unterkategorien bilden? Grundsätzlich unterscheidet man hierbei zwischen einem induktiven und einem deduktiven Vorgehen, wobei auch Mischformen der beiden Varianten häufig vorkommen. Bei der *induktiven Variante* werden die Auswertungskategorien aus dem vorliegenden Datenmaterial selbst gewonnen. Dieses Vorgehen bietet sich insbesondere dann an,

- wenn man die Antworten der Betroffenen zum Ausgangspunkt nehmen will und keine Vorab-Kategorisierung von Evaluatoren gewünscht ist,
- wenn das denkbare Antwortspektrum unbekannt ist,
- wenn die Evaluationsfragestellung eher einen erkundenden Charakter hat,
- wenn die Antworten inhaltlich sehr breit streuen.

In unserer Evaluation haben wir die Kategorien und Unterkategorien zu den drei letzten offenen Fragen »gut gefallen«, »missfallen« und »Verbesserungsvorschläge« induktiv aus den Antworten der Studierenden gewonnen. Das Vorgehen war bei allen drei Fragen identisch: Wir haben mit der Antwort von Person 1 begonnen und erzeugten für jedes Themenfeld, das Person 1 benennt, eine neue Kategorie. In diesem Sinne ging es weiter mit den Antworten von Person 2, 3 etc. solange bis ein Themenfeld benannt wurde, für das bereits eine passende Kategorie vorhanden war. In diesem Fall haben wir die bereits vorhandene Kategorie zugewiesen.

Bei diesem Vorgehen kann es häufig vorkommen, dass die Titel der Kategorien angepasst werden müssen, weil sie thematisch zu breit oder zu eng gefasst sind oder inhaltlich präzisiert bzw. korrigiert werden müssen. Beispielsweise hatten wir nach Durchsicht der ersten Antworten auf die Frage, was den Studierenden besonders gut an der Lehrveranstaltung gefallen hat, die Unterkategorie »Lehrende« erzeugt. Es stellte sich jedoch bei der weiteren Analyse heraus, dass die Mehrzahl der Studierenden das Wort »Dozent« verwendete, weshalb wir die Kategorie in »Dozent(en)« umbenannt haben.

Als Ergebnis der Codierung lag für die Frage, was den Studierenden gut gefallen hat, das in Abb. 7 dargestellte Kategoriensystem vor. In der rechten Spalte ist ersichtlich, wie viele Textstellen der jeweiligen Kategorie zugeordnet wurden.

Grundsätzlich ist bei der induktiven Kategorienentwicklung empfehlenswert, zunächst sehr differenziert vorzugehen und lieber eine Kategorie mehr zu definieren, denn es ist leichter, zwei oder mehr Kategorien zu einer zusammenzulegen als eine breit gefasste Kategorie weiter zu unterteilen. Dabei gilt es jedoch immer zu beachten, dass bei einer grundlegenden Änderung des Kategoriensystems unter Umständen alle Textstellen noch einmal neu durchgeschaut und zugeordnet werden müssen.

Vertiefende Analyse: Kategorienbasierte Auswertung der qualitativen Daten

```
gut gefallen                        194
  Dozent(en)                         69
  Tutorium                           62
  Übung                              61
  Struktur insgesamt Vl+Ü+Tut        50
  Reader Folien                      33
  Projektarbeit                      12
  Statistik gelernt                  12
  Verbindung zu Pädagogik+Praxis     12
  Vorlesung                          10
  Praktische Beispiele (Shell,SPSS)   8
  nichts                              4
  keine Meinung                       2
  z-missing                          16
```

Abb. 7: Induktiv erzeugtes Kategoriensystem für die Frage, was an der gesamten Lehrveranstaltung (Vorlesung/Übung/Tutorium) besonders gut gefällt

Anders als bei der induktiven Vorgehensweise werden bei der *deduktiven Variante* die Unterkategorien nicht aus dem Text selbst, sondern aus theoretischen Überlegungen, Hypothesen oder aus den Evaluationszwecken und Fragestellungen abgeleitet. Diese Variante bietet sich bspw. an,

- wenn Informationen über das abgefragte Thema bereits vorliegen,
- wenn nur ausgewählte Aspekte der Antworten interessieren, wenn also in den Antworten Informationen enthalten sind, die nicht codiert werden müssen oder
- wenn Fragestellungen von Interesse sind, aus denen sich Kategorien direkt ableiten lassen (z. B. könnten wir zur Frage nach der »typischen Statistikwoche« direkt die drei Auswertungskategorien *Bedeutung der Vorlesung, Bedeutung der Übung, Bedeutung des Tutoriums* erzeugen, ohne einen Blick auf die Antworten der Studierenden geworfen zu haben).

Codierregeln

Ganz gleich, ob das Kategoriensystem induktiv, deduktiv oder mit einer Mischung aus beiden Verfahrensweisen gewonnen wird, muss festgelegt werden, nach welchen Regeln der Codiervorgang geschehen soll. Diese Festschreibung dient der Qualitätssicherung bei der Auswertung und ist auch aus pragmatischen Gründen sehr sinnvoll. Denn bspw. ist es bei der späteren Analyse der einzelnen Textstellen sehr hinderlich, wenn einmal der ganze Satz und einmal nur ein Wort codiert wurde. Wir einigten uns aus diesem Grund auf die folgenden Codierregeln:

1. Umfang der Codierungen: Es wird immer die gesamte Antwort auf eine Frage codiert. Wenn die Antwort mehr als drei Zeilen umfasst oder aus mehreren, thematisch verschiedenen Sätzen besteht, wird nur der Teil codiert, der für die Kategorie relevant ist.

Hinweis: Anders als bei persönlichen Interviews finden sich unter den am Computer eingetippten Antworten selten wohlformulierte Sätze, sondern die Antworten variieren von einzelnen Wörtern über Stichpunktaufzählungen bis hin zu mehreren Sätzen. Dementsprechend unterscheiden sich auch die Codierungen hinsichtlich ihrer Länge.

2. Doppelcodierungen: Es wird eine Information pro Fall nur einmal codiert. Wenn jemand z.B. mehrfach auf Lärm in der Vorlesung hinweist, wird dieser Fakt nur einmal codiert.

Hinweis: Diese Regel erlaubt es herauszufinden, wie viele Personen z.B. den Lärm benennen und nicht wie oft er insgesamt genannt wird.

3. Verteilte Codierungen: Es werden immer alle Antworten der Personen berücksichtigt. Falls eine Person bei der Frage, was ihr schlecht gefallen hat, auch einen Verbesserungsvorschlag angibt, wird dieser auch bei der entsprechenden Frage codiert – sofern dieser nicht bereits codiert wurde und es sich um eine Doppelcodierung handeln würde.

Hinweis: Diese Regel stellt sicher, dass alle Informationen zu einem Thema auch codiert werden. Damit man nicht bei der Codierung einer Frage jedes Mal die Antworttexte zu allen Fragen auf relevante Informationen durchsehen muss, ist ratsam, alle »Fremdinformationen«, die eigentlich zu einer anderen Frage gehören, gleich bei der richtigen Frage mit zu codieren.

4. Behandlung von fehlenden Werten (»Missings«): Leere Antworten oder Antworten, die als leer zu deuten sind (z.B. ein Gedankenstrich »-«), werden in die Unterkategorie »Missing« bei der jeweiligen Frage aufgenommen. Die Antwort »keine« bzw. »nichts« wird hingegen als Unterkategorie aufgenommen, z.B. bei der Frage, was die Studierenden schlecht fanden.

Hinweis: Diese Regel dient dazu, bei späteren Auszählungen der Codehäufigkeiten die Personen ausweisen zu können, die nicht auf eine Frage geantwortet haben. In diesem Punkt unterscheidet sich die Online-Erhebung mit offenen Fragen deutlich von persönlichen Interviews, in denen Missings kaum zu erwarten sind.

Das Codieren der Antworten

Drei weitere Themen bezüglich des Codierprozesses sind für ein sinnvolles Vorgehen von Bedeutung:

1. Kategoriendefinition und Ankerbeispiele

Um eine hohe Güte der Kategorienzuordnung zu erreichen, ist es sinnvoll zu definieren, welche Textinhalte in die jeweilige Kategorie gehören. Dies gilt gleichermaßen für induktiv und für deduktiv gewonnene Kategoriensysteme. Diese Definitionen werden optimalerweise während des Codiervorgangs um so genannte Ankerbeispiele ergänzt, die für die Kategorie prototypische Originalaussagen der Befragten enthalten. Die folgende Abbildung zeigt eine solche Kategoriendefinition mit zugehörigen Ankerbeispielen für den Code »Verbesserungsvorschläge/Projektarbeit«. Wie man sieht, ist es auch nützlich, bei den Ankerbeispielen anzugeben, aus welchen Texten sie stammen. Als eingefügtes Memo ist die Definition im Auswertungsprogramm MAXQDA direkt verfügbar und kann dort im Verlauf des Codierprozesses angepasst werden.

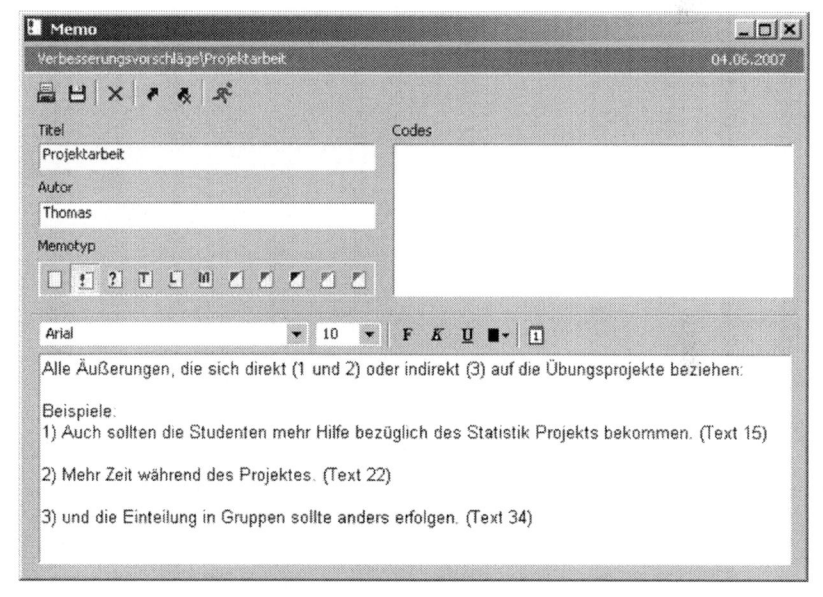

Abb. 8: Kategoriendefinition und Ankerbeispiele als Memo in MAXQDA

2. Automatisches Codieren

Das automatische Codieren ist immer dann von Nutzen, wenn man nach einem konkreten Begriff suchen kann. Bereits im Kapitel 7 wurde dieses Vorgehen für das Suchwort »Angst« beschrieben. Das automatische Codieren ist insbesondere für die schnelle Exploration geeignet, wobei es jedoch drei Punkte zu berücksichtigen gilt: Erstens kann ein Begriff zwar verwendet werden, aber in einem anderen sprachlichen oder inhaltlichen Kontext als beabsichtigt, z. B. »Ich hatte *keine* Angst«. Zweitens kann jemand inhaltlich über Angst berichten, aber nicht das Wort gebrauchen, z. B. »Ich hatte Muffensausen«. Drittens kann ein Begriff falsch geschrieben sein.

Wir haben die Autocode-Funktion des Programms MAXQDA für die Kategorisierung der Frage genutzt, welche Bedeutung das Statistiklehrbuch von Jürgen Bortz für die Stofferarbeitung gespielt hat. Dazu haben wir zunächst mit Hilfe des Programms MAXDictio[22], einer Erweiterung von MAXQDA, eine Liste aller Wörter in allen Antworten erzeugt, um alle verwendeten Schreibweisen des Wortes »Bortz« ausfindig zu machen. Dieses Vorgehen ist nötig, weil – anders als bei einer klassischen Transkription von Interviewtexten – Befragte bei der Eingabe ihrer Antworten am Computer selten einheitliche Schreibweisen benutzen, häufiger Tippfehler machen und gerade bei unüblichen oder ungeläufigen Wörtern nicht die korrekte Rechtschreibung verwenden. Das Lehrbuch »Bortz« findet man bspw. auch unter »Borz« oder »Bortzt«.

Nachdem wir alle Antworten der Studierenden, in denen das Lehrbuch genannt wurde, aufgelistet hatten, konnten diese automatisch dem Code *Lehrbuch »Bortz«* zugeordnet werden. Anschließend haben wir die entsprechenden Textstellen durchgesehen und konnten induktiv sieben Kategorien gewinnen, die in Abb. 9 zu sehen sind. Insgesamt 67 Aussagen (= 39 + 6 + 5 + 4 + 2 + 1 + 10) von 64 Studierenden wurden codiert.

Lehrbuch "Bortz"	64
Nachbereitung, Nachlesen, Vertiefung	39
anfangs mit Bortz, später nicht mehr	6
lesen, Notizen machen, durcharbeiten	5
Klausurvorbereitung	4
Vorbereitung	2
Übungsaufgaben im Bortz	1
Bortz nur genannt - ohne Erklärung	10

Abb. 9: Induktiv gebildete Kategorien im Anschluss an die automatische Codierung

Da die Studierenden das Lehrbuch »Bortz« nicht nur als Antwort auf die Frage der Stofferarbeitung erwähnen, sondern bei allen sieben Fragen thematisieren, mussten wir einige der Codierungen, die sich nicht auf die Stofferarbeitung beziehen, wieder löschen. Diese »Fehlcodierungen« sind das Ergebnis der automatischen Vorgehensweise, die natürlich nicht den Sinnzusammenhang berücksichtigt – diese Korrektur muss man in jedem Fall von Hand nachholen, um keine falschen Ergebnisse zu produzieren.

---

22 MAXDictio ist ein Tool zur wortschatzbasierten Textanalyse. Als eine der einfachsten Funktionen bietet MAXDictio die Möglichkeit, sich die Worthäufigkeiten für einen Text auflisten zu lassen.

3. Arbeit im Team

Sehr häufig arbeiten in Evaluationsprojekten mehrere Personen zusammen. Dabei stellt sich zwangsläufig die Frage, wie man die Zusammenarbeit, insbesondere im Hinblick auf den Codierprozess gestalten kann. Die gemeinsame Arbeit im Team erhöht in der Regel die Güte der Codierungen, und zwar immer dann, wenn eine Codierung von mehreren Personen vorgenommen wird. Als einfachste Variante der Teamarbeit sitzt man zu zweit vor dem Papier oder dem Bildschirm und verständigt sich diskursiv über die Kategorienzuordnungen von einzelnen Textstellen. Nachdem ein Zweierteam die Antworten aller Personen zu einer Kategorie codiert hat, reicht es die Datei an die nächste Zweiergruppe weiter. Es sind selbstverständlich auch aufwändigere Verfahren denkbar (vgl. Kuckartz u. a. 2008: 40 ff.), zumal fast alle QDA-Programme Teamworkfunktionen bereithalten.

Die Ergebnisse mit Blick auf den Evaluationsbericht verschriftlichen

Sobald eine Frage komplett codiert ist, kann die Auswertung der codierten Textsegmente beginnen. In diesem Arbeitsschritt geht es im Wesentlichen darum, die Kategorieninhalte und deren Häufigkeiten zu sichten, Wichtiges im Hinblick auf Fragestellungen und Zwecke der Evaluation herauszusuchen und zu berichten und vor allem auch Unwichtiges außen vor zu lassen. Dabei sollte das Ziel sein, Zusammenhänge aufzuzeigen, Mehrheiten und Mehrheitsmeinungen zu berichten, besondere und wichtige Ansichten, Einschätzungen und Bewertungen aufzuzeigen, aber auch zu abstrahieren und Ergebnisse in einen größeren Rahmen zu stellen. Zweckmäßigerweise werden die Auswertungstexte mit Blick auf den Evaluationsbericht verfasst, d. h. man kann bspw. direkt in der späteren Berichtsdatei arbeiten.

Häufig wird bei diesem Arbeitsschritt die Frage gestellt, inwieweit die Ergebnisse interpretiert werden sollten oder müssen. Grundsätzlich ist es aus unserer Sicht ratsam, mit den eigenen Ausführungen dicht am erhobenen Material zu bleiben und sich mit ausschweifenden Deutungen einzelner Aussagen zurückzuhalten. Es kann bei dem hier vorgestellten Verfahren weder darum gehen, noch wäre es dafür geeignet, den möglichen Sinnzusammenhang einer Probandenaussage zu ergründen. Denn bspw. ist nicht von Interesse, was eine Studierende biographisch und persönlich dazu veranlasst hat, den Lärm in der Veranstaltung zu bemängeln, sondern es steht nur im Vordergrund, was sie diesbezüglich tatsächlich äußert. Natürlich sollte man nicht in das andere Extrem verfallen und ganz auf eine Interpretation verzichten und auf keinen Fall einen tabellarischen, mechanischen Stil anschlagen, etwa die Ergebnisse in der Art »30 Studierende haben gesagt, dass ..., 10 Studierende meinen aber, dass ..., 1 Studentin sagt auch ...« zu repetieren.

Im Folgenden stellen wir einige Techniken und Strategien vor, die helfen, den Schreibprozess zu unterstützen.

Lesen der codierten Textstellen

Das Lesen der codierten Textstellen zu den einzelnen Unterkategorien ist als erste Pflichtübung zu nennen, an der kaum ein Weg vorbeiführt. Denn nur, wenn man weiß, welche Inhalte die Befragten zu einem Thema benennen, kann man diese zusammenfassen und wiedergeben, lässt sich entscheiden, was berichtet werden sollte. Hilfreich ist bei der Arbeit im Team, dass die Person den Auswertungstext zu einer Kategorie verfasst, die auch die zugehörigen Antworten codiert hat.

Unterkategorien sortieren

Hilfreich ist es, die Unterkategorien nach den Codehäufigkeiten zu sortieren, um auf einen Blick zu erkennen, welche Themen häufiger und welche seltener vorkommen. Es macht bspw. einen großen Unterschied, ob nur zwei (von 194) Personen die Lautstärke in der Vorlesung bemängeln oder 55. So lässt sich auch leichter entscheiden, was berichtet werden sollte.

Originalaussagen zitieren

> *Genauigkeitsstandard 4: Angabe von Informationsquellen*
> Die im Rahmen einer Evaluation genutzten Informationsquellen sollen hinreichend genau dokumentiert werden, damit die Verlässlichkeit und Angemessenheit der Informationen eingeschätzt werden kann.

Auswertungstexte können durch prototypische oder pointierende Zitate aus dem Datenmaterial ergänzt werden. Dabei gilt es zu beachten, den Zitaten nicht übermäßigen Raum zu geben, sondern den Umfang zu begrenzen, z.B. auf 1/4 des Auswertungstextes. Wichtig ist, sich immer zu vergegenwärtigen, dass die Zitate – wie ein Literaturzitat auch – eine besonders starke Aussagekraft haben und häufig sogar im Schriftbild hervorgehoben erscheinen. Deshalb sollte immer überprüft werden, ob das gewählte Zitat dem didaktischen Ziel des Auswertungstextes entspricht, z.B. den Kern einer Aussage tatsächlich verdeutlicht oder stellvertretend für viele Aussagen stehen kann. Auch im formalen Bereich sollten die Regeln für Literaturzitate berücksichtigt werden (vgl. Genauigkeitsstandard 4). Ans Ende eines Zitates gehört eine Quellenangabe, z.B. die Textnummer und die jeweilige Absatznummer und Auslassungen oder sprachliche Einbettungen sollten durch eckige Klammern [...] kenntlich gemacht werden:

»[...] dass man mit dem Forschungsprojekt z.T. überfordert ist (da man zu Beginn des Semesters einen Projektplan ausarbeiten muss, was man später besser könnte, weil man da bereits über mehr Wissen verfügt).« (140, 6)

Aus Zeitgründen hat es keinen Sinn, alle Aussagen der Probanden schon während der Datenauswertung auf Rechtschreibung und Zeichensetzung zu prüfen und entsprechend zu korrigieren. Stattdessen empfehlen wir, nur die Zitate, die schlussendlich im Evaluationsbericht abgedruckt werden, von den ärgsten Fehlern zu befreien. Es sollten also orthografische Fehler in den Zitaten korrigiert werden, um den Lesefluss nicht unnötig zu irritieren und zu behindern. Die Syntax sollte man allerdings immer beibehalten. Wenn also jemand im Stakkatostil unvollständige Sätze niedergeschrieben hat, so werden diese nicht geglättet und es werden keine Verben ergänzt. Antworttexte, die durchgehend in Kleinschreibung verfasst wurden, können ggf. übernommen werden. Auf Veränderungen an den Originalantworten muss natürlich an geeigneter Stelle, z.B. in einer Fußnote, hingewiesen werden.

Evaluationszwecke und Fragestellungen berücksichtigen

In jedem Fall sollte man sich immer wieder erneut die Frage stellen: »Inwieweit ist diese Information relevant für die Zwecke und Fragestellungen der Evaluation?«. Dadurch vermeidet man, Nebensächlichkeiten zu berichten, die ja manchmal einen fesselnden und spannenden Charakter haben können, aber nichts zur eigentlichen Evaluation beitragen.

Code in Variable transformieren

Es gibt die Möglichkeit, einen Code in eine Variable umzuwandeln, so dass man für jede Person sieht, wie häufig dieser Code zugeordnet wurde. Diese Prozedur ist bspw. interessant, wenn die Textsegmente einer Kategorie darüber Aufschluss geben, ob ein Merkmal auf eine Person zutrifft oder nicht. Wir möchten das Vorgehen und den dadurch erzielbaren Erkenntnisgewinn an einem Beispiel verdeutlichen. Bei der Frage zur Stofferarbeitung hatten wir unter anderem die drei Codes »Übungsaufgaben im Reader«, »Lehrbuch ›Bortz‹« und »Lerngruppe, Austausch mit Kommilitonen« ausgewertet. Dabei ergaben sich die folgenden Codehäufigkeiten:

Wie wurde der Stoff erarbeitet		194
Übungen im Reader	☐	82
Lerngruppe, Austausch mit Kommilitonen	☐	66
Lehrbuch "Bortz"		64

Abb. 10: Codehäufigkeiten für drei Unterkategorien der Stofferarbeitung

Die Häufigkeiten der drei Unterkategorien ergeben zusammen 212 und nicht 194, wie man vielleicht vermuten könnte. Der Grund dafür liegt darin, dass viele Personen keine der drei Lernformen und stattdessen zahlreiche Personen zwei oder alle drei angegeben haben. Uns hat deshalb interessiert, wie die Studierenden die drei Lernformen miteinander kombinieren. Dazu haben wir zunächst alle drei Codes in Variablen umgewandelt und uns die entsprechende Variablentabelle anzeigen lassen (Abb. 11). In der Tabelle ist angegeben, wie häufig ein Code einer Person zugeordnet wurde, eine 1 steht somit für »ja, genutzt« und eine 0 für »nein, nicht genutzt«. In den Zeilen kann man nun ablesen, wie jede der 194 Personen die drei Lernformen miteinander kombiniert. Die Abb. 11 zeigt, dass sieben Personen auf alle drei Lernformen zurückgreifen.

Textname	Bortz...	Lerngruppe...	Übungen im Reader
12	1	1	1
41	1	1	1
76	1	1	1
96	1	1	1
120	1	1	1
125	1	1	1
145	1	1	1
18	0	1	1
19	0	1	1

Abb. 11: Kombinationen der drei Lernformen in der Variablentabelle

Codehäufigkeiten berichten

Bei qualitativen Auswertungstechniken steht man vor der Frage, welchen Stellenwert man den genauen Codehäufigkeiten, also der Anzahl der Nennungen in einer Kategorie beimessen will. Die gleiche Frage stellt sich auch für die Anzahl an Personen, die ein bestimmtes Thema äußern oder die man – wie in Abb. 11 angedeutet – verschiedenen Typen zugeordnet hat. Es ist durchaus informativ, entsprechende Zahlenangaben zu präsentieren, denn gerade bei Evaluationen, in denen eine Vollerhebung mit Hilfe des Internets realisiert wurde, ist es gewinnbringend, das »Zählbare« auch zu berichten. Wenn man dabei Prozentangaben verwendet, sollte man allerdings in jedem Fall berichten, was als Bezugsgröße von 100% betrachtet wird und wie fehlende Angaben gewertet werden. Denn je nachdem, ob man die 194 Befragten oder die Anzahl der codierten Nennungen als Berechnungsgrundlage wählt, variieren die Ergebnisse.

Abschließend sei noch auf einige Probleme hingewiesen, die bei der Verschriftlichung der Ergebnisse auftreten können. Der erste Punkt ist bereits angeklungen: Bei vielen Befragten muss immer berücksichtigt werden, ob es sich um eine Einzelnennung oder um die Meinung mehrerer Personen handelt. Wenn man Einzelmeinungen berichtet, sollten diese auch als solche gekennzeichnet sein und entsprechend behandelt werden, denn schnell wirkt ein einzelnes Zitat mit einer niederschmetternden Bewertung der Veranstaltung als handele es sich um das einzig wahre Urteil und die positiven Bewertungen rücken schlagartig in den Hintergrund. Zweitens können die Antworten sehr stark hinsichtlich ihrer inhaltlichen Vielfalt und ihres Umfangs variieren. Während bspw. bei unserer Evaluation eine Person insgesamt eineinhalb DIN A4-Seiten zu allen Fragen verfasst hat, sind bei anderen nur ein paar Stichpunkte zu finden. Hier besteht die Gefahr, die umfangreicheren Informationen stärker zu gewichten, obwohl es sich ja auch nur um eine Person handelt.

Vertiefende Literatur

Kuckartz, Udo (2007): Einführung in die computergestützte Analyse qualitativer Daten. 2., akt. u. erw. Aufl., Wiesbaden: VS-Verlag

Kuckartz, Udo; Dresing, Thorsten; Rädiker, Stefan; Stefer, Claus (2008): Qualitative Evaluation. Der Einstieg in die Praxis. 2. akt. Aufl., Wiesbaden: VS-Verlag (Kap. 2, Schritt 5 und 6)

Schmidt, Christiane (1997): »Am Material«: Auswertungstechniken für Leitfadeninterviews. In: Friebertshäuser, Barbara; Prengel, Annedore (Hrsg.): Handbuch qualitative Forschungsmethoden in der Erziehungswissenschaft. Weinheim und München: Juventa, S. 544–568

9. Zusammenhangsanalysen: Von der Kreuztabelle zu Mixed Methods

Evaluationsstudien beschränken sich in der Regel methodisch nicht auf einfache beschreibende Analyseverfahren, sondern stützen die vorgenommenen Bewertungen auf Zusammenhangsanalysen. Im Kontext von Evaluationen ermöglichen solche Analysen fundierte Bewertungen vorzunehmen und weitergehende begründete Empfehlungen zu formulieren. Unter Zusammenhangsanalyse werden hier all jene Formen von Datenauswertung verstanden, die über die in den Kapiteln 7 und 8 diskutierten einfachen deskriptiven Auswertungen hinausgehen. Das heißt also bei quantitativen Daten mehr als univariate Auswertungen der Verteilung einzelner Variablen zum Ziel haben und bei qualitativen Analysen nicht nur einzelne Kategorien und Subkategorien fokussieren, sondern diese wechselseitig kontrastieren, Querbezüge aufzeigen und nach komplexen Zusammenhängen zwischen Kategorien forschen.

Wenn, wie bei der vorliegenden Evaluation, einem Mixed Methods-Ansatz gefolgt wird und sowohl qualitative wie quantitative Daten erhoben werden, ergeben sich für Zusammenhangsanalysen prinzipiell drei Arten der Kombination von Datentypen: a) quantitativ – quantitativ, b) qualitativ – qualitativ und c) mixed: qualitativ – quantitativ.

Der Vorschlag, Daten unterschiedlicher Art – qualitative und quantitative – zu integrieren, hätte vor einiger Zeit noch Unverständnis hervorgerufen, zu erbittert wurde der Methodenstreit um quantitative oder qualitative Methoden geführt. Mittlerweile hat sich der »Krieg der Paradigmen« tendenziell entschärft und es ist eine Diskussion um die Kombination beider Methoden entstanden, die sich im angelsächsischen Raum zu einer Bewegung unter dem Label »Mixed Methods« entwickelt hat (vgl. »third paradigm« bei Tashakkori/Teddlie 2003). Mixed Methods (oder Methodenkombination) bedeutet allgemein gesprochen, dass im Rahmen eines Forschungsprojektes beide Datenarten, qualitative und quantitative, in sinnvoller Weise miteinander verbunden werden. Dies kann sowohl methodologisch begründet geschehen, als auch in der inhaltlichen Logik eines Projektes begründet sein. In der Geschichte der empirischen Sozialforschung lassen sich viele Projekte finden, in denen Methodenkombination praktiziert wurde, bspw. in der berühmten Marienthal-Studie (vgl. Jahoda u. a. 1960, erstmals 1933), in der unter anderem Experteninterviews, Leitfadeninterviews, qualitative Inhaltsanalyse, aber auch quantitative

Beobachtungen, quantitative Erfassung von sozialen Phänomenen und anderes mehr zu den eingesetzten Methoden zählten. Derzeit lassen sich drei Ansätze von Methodenkombination identifizieren, die jeweils ihre eigenen Literatur- und Diskursstränge im letzten Jahrzehnt entwickelt haben, nämlich die Ansätze (a) Triangulation, (b) Mixed Methods und (c) Methodenintegration. Während die ersten beiden Ansätze eher auf konkrete Forschungsdesigns hin orientiert sind, setzt die Methodenintegration bei einer methodologischen Konzeption an und will ein eigenes, neues methodologisches Programm entwickeln (vgl. Kelle 2007).

Der auf Denzin zurückgehende *Triangulationsansatz* (1978: 291) definiert Triangulation als »the combination of methodologies in the study of the same phenomenon«. Die Metapher »Triangulation« nimmt auf einen in der Geodäsie benutzten Begriff Bezug: Das Verfahren der Triangulation erlaubt es dort, die Position eines Objekts in einem dreidimensionalen Raum präzise zu bestimmen. Denzin, dessen Konzept im deutschsprachigen Raum zunehmend rezipiert wird (vgl. z.B. die Arbeiten von Erzberger/Prein 1997, Flick 2007a, Kelle 2007, Kelle/Erzberger 2003), empfiehlt Triangulation als Strategie, um zu einem vertieften Verständnis des Forschungsgegenstands zu gelangen. Unter den verschiedenen Formen der Triangulation ist für die Evaluationsforschung vor allem die Methodentriangulation relevant. Hierbei wird das gleiche Phänomen mit unterschiedlichen Methoden erfasst. Dabei kann man sowohl Methoden des gleichen Paradigmas (»within method triangulation«) als auch Methoden beider Paradigmen (»between method triangulation«) miteinander kombinieren.

Der *Mixed Methods-Ansatz*, der vor allem in den USA seit einiger Zeit stark auf dem Vormarsch ist, teilt mit dem Triangulationsansatz die pragmatische Orientierung und verspricht darüber hinaus eine produktive Überwindung der beiden Paradigmen. In diesem Ansatz geht es im Kern um verschiedene Designtypen, die je unterschiedliche Kombinationen von qualitativen und quantitativen Methoden vorsehen. Die von Cresswell (2003) vorgenommene Unterscheidung von Designformen lässt sich ohne Probleme auch auf Evaluationsstudien übertragen. Ihm zufolge sind vier Kriterien bei der Entscheidung für einen Mixed Methods-Design zu berücksichtigen: (a) Implementation, d.h. in welcher Reihenfolge qualitative und quantitative Erhebung stattfinden, (b) Priorität, d.h. welchen Methoden die Priorität eingeräumt wird, (c) Integration, d.h. zu welchem Zeitpunkt die Integration von qualitativen und quantitativen Daten stattfindet[23] und (d) die Rolle der theoretischen Perspektive, d.h. ob diese eher implizit ist, oder ob ein theoretischer Rahmen das gesamte Design prägt. Abb. 12 zeigt eine schematische Darstellung dieser

---

23 Bei der Datenerhebung, indem bspw. geschlossene mit offenen Fragen „gemixt" werden, bei der Datenanalyse und bei der Dateninterpretation, indem Codes in quantitative Variablen transformiert und dann mit den Resultaten einer quantitativen Studie verglichen werden. Schließlich kann die Kombination der Datenarten sich auch nur auf einzelne oder mehrere Punkte oder Phasen des Designs beziehen.

vier Kriterien. Durch unterschiedliche Kombination der vier Kriterien sind insgesamt 72 (3 x 3 x 4 x 2) verschiedene Mixed Methods-Strategien denkbar.

Implementation	Priorität	Integration	theoretische Perspektive
keine Reihenfolge, parallel	gleich	bei der Datenerhebung	explizit
		bei der Datenauswertung	
sequenziell: qualitativ zuerst	qualitativ	bei der Datenkombination	implizit
sequenziell: quantitativ zuerst	quantitativ	Kombinationen bei bestimmten Punkten	

Abb. 12: **Entscheidungsoptionen bei der Wahl einer Mixed Methods-Forschungsstrategie** (Quelle: Creswell 2003: 211, eigene Übersetzung)

Der *methodenintegrative Ansatz* von Kelle (2007) begründet die Kombination von qualitativen und quantitativen Daten wissenschaftstheoretisch. Er knüpft an die Erklären-Verstehen-Debatte an, die seit mehr als 100 Jahren die Kontroverse zwischen Geistes- und Naturwissenschaften prägt und gründet sein Konzept auf einen anderen Kausalitätsbegriff, der multiple Ursachen und Hintergrundbedingungen zu einer Pluralität von kausalen Pfaden jenseits der üblichen »wenn p, dann q« Logik traditioneller, mit dem linearen Modell arbeitenden quantitativen Methodik verknüpft (vgl. Kelle 2007: 159). Kelle geht es um die Entwicklung eines systematischen Rahmens, aus dem sich Strategien der Methodenwahl und Methodenintegration herleiten lassen: »Für welche sozialwissenschaftlichen Untersuchungsgegenstände sind eher qualitative, für welche Forschungsfragen eher quantitative Verfahren geeignet? Welche Methodenprobleme qualitativer und quantitativer Forschung werden durch bestimmte Untersuchungsgegenstände erzeugt? Wie können Stärken beider Methodentraditionen genutzt werden, um diese Methodenprobleme zu lösen?« (Kelle 2007: 15) Dieser Ansatz verlangt, anders als Mixed Methods-Protagonisten es fordern, keineswegs immer eine Methodenkombination in Forschungsprojekten, sondern stellt das Forschungsziel in den Mittelpunkt: »Methodenintegrative Forschung kann vielmehr auch in der Form von (qualitativen oder quantitativen) Monomethodendesigns erfolgen, solange zur Beantwortung der jeweiligen Fragestellung die adäquaten Verfahren eingesetzt werden und bei Bedarf Informationen berücksichtigt werden, die im Kontext der jeweils anderen Methodentradition gewonnen wurden« (Kelle 2007: 263). Bei Evaluationen dürfte es häufig aber auch wichtig sein, Motive und subjektive Sichtweisen der Befragten zu erfassen und zumindest teilweise auch mit einer offenen Vorgehensweise zu arbeiten. Insofern besteht hier quasi ein natürlicher Hang zur Methodenintegration. Online-Erhebungsverfahren erleichtern eine solche methodenintegrative Evaluation, denn die Kosten für den qualitativen Teil der Erhebung sind erheblich geringer als bei konventionellen Formen der Datenerhebung.

Über das in der vorliegenden Evaluationsstudie verwendete Instrumentarium hinaus lassen sich unschwer weitere Arten von Online-Datenerhebungen in Evaluationsprojekte integrieren, z.B. Online-Gruppendiskussionen, Chats sowie Foren, in denen Formen von kommunikativer Validierung praktiziert werden können.

Die folgenden Abschnitte stellen – der Konstruktionslogik »quantitativ-quantitativ«, »qualitativ-qualitativ« und »qualitativ-quantitativ« folgend – exemplarisch mögliche Formen von Zusammenhangsanalysen dar. Dabei werden vornehmlich die Basisformen von Analysen beschrieben, selbstverständlich sind auch anspruchsvollere und komplexere Analyseverfahren denkbar und legitim. Die Beschreibung solcher Verfahren, wie etwa die Korrespondenzanalyse, würde allerdings den Umfang dieses Buches überschreiten. Hier sollte auf einschlägige Lehrbücher zurückgegriffen werden.

Analysen des Typs quantitativ – quantitativ

Quantitative Daten bieten über die rein deskriptive Auswertung in Form von Häufigkeitsauszählungen und Mittelwertberechnungen hinaus auch die Möglichkeit von Zusammenhangsanalysen, also dem Herausarbeiten von Beziehungen. Dabei wird untersucht, ob es Abhängigkeiten zwischen zwei oder mehr Variablen gibt. Für Evaluationen von besonderem Interesse sind dabei Informationen darüber, welche Faktoren einen möglichen Einfluss auf die Bewertung eines Programms haben. So sind im Falle eines Volkshochschulkurses bspw. geschlechtsspezifische Verbesserungsvorschläge denkbar oder auch unterschiedliche Bewertungen in Abhängigkeit einer eventuell im Vorfeld standardisiert erhobenen Selbsteinschätzung des eigenen Kenntnisstandes.

Die Analyse der Zusammenhänge von Variablen kann mittels unterschiedlicher Verfahren erfolgen. In einem ersten Schritt können gemeinsame Häufigkeiten in Form von Kontingenztabellen, gruppierten Balkendiagrammen und Streudiagrammen dargestellt werden, die einen ersten Überblick über mögliche Zusammenhänge bieten. Konkrete Aussagen über die Art und die Stärke eines Zusammenhangs erlauben aber erst die in einem zweiten Schritt durchgeführten rechnerischen Verfahren.

Welche Verfahren zur Zusammenhangsanalyse verwendet werden, hängt vom jeweiligen Mess- bzw. Skalenniveau der betreffenden Merkmale ab.[24] Im Falle zweier nominalskalierter Variablen (z.B. Geschlecht, erster Kurs in einer Volks-

---

24 Die unterschiedlichen statistischen Verfahren können an dieser Stelle nur exemplarisch aufgezählt werden. Vertiefende Informationen finden sich in den Standardwerken zur empirischen Sozialforschung, bspw. bei (Bortz 2005).

hochschule »ja/nein«) kommen Chi-Quadrat-Tests und die dazugehörigen Kontingenzkoeffizienten wie bspw. Cramers V zum Einsatz. Soll der Zusammenhang zweier ordinalskalierter Variablen (z. B. Einkommen und subjektiver Lernerfolg, jeweils kategorisiert in hoch, mittel, niedrig) analysiert werden, so wird oft der Spearmansche Rangkorrelationskoeffizient verwendet. Bei zwei intervallskalierten Variablen (z. B. fünfstufige Zustimmungsskala) schließlich eignet sich der Korrelationskoeffizient nach Pearson.

Eine sehr häufige Kombination in Evaluationsstudien besteht aus einer Intervallskala und einer Nominalskala, die dann als so genannte gruppierende Variable fungiert. In einem solchen Fall wird die Varianzanalyse eingesetzt, um zu untersuchen, ob sich bspw. die erhaltenen Antworten auf einer Bewertungsskala von 1–5 zwischen zwei oder mehr Personengruppen unterscheiden.

So haben wir es gemacht

In der hier dokumentierten Evaluation verfolgten wir mehrere Ziele mit der Kombination der quantitativen Daten: Zum einen interessierte uns das Teilnahmeverhalten der Studierenden an den einzelnen Veranstaltungsteilen und ob sich unterschiedliche »Teilnahmetypen« identifizieren lassen. Daran anschließend sind wir der Frage nachgegangen, ob sich diese Teilnahmetypen in ihrer Bewertung der Veranstaltung unterscheiden. Aber auch für eine spätere Kombination der quantitativen mit den qualitativen Daten können solche Typisierungen eine gute Ausgangsbasis bieten. Für unser erstes Ziel – der Identifizierung der Teilnahmetypen – dichotomisierten wir zunächst die Antworten auf die Fragen nach der Teilnahmehäufigkeit an den einzelnen Veranstaltungsteilen in »genutzt« (mind. in jeder zweiten Woche und häufiger teilgenommen) und »nicht genutzt« (selten oder nie teilgenommen). In SPSS bzw. SYSTAT kann dies einfach mit der Funktion »umcodieren« umgesetzt werden, aber auch in Excel ist dieser Schritt problemlos möglich. Eine Tabelle dieser dichotomisierten Variablen zeigt dann für jede Person, an welchem Veranstaltungsteil sie teilgenommen hat. Beispielsweise haben einige Personen lediglich die Vorlesung genutzt, andere hingegen waren regelmäßig in allen drei Teilen der Veranstaltung.

Diese Tabelle wurde sortiert und daran anschließend konnten die Häufigkeiten der Typen ausgezählt und deren jeweiliger Prozentanteil berechnet werden. Zusätzlich haben wir den Teilnahmetypen auch passende Namen gegeben, um die Personen hinter dem Zahlenmaterial anschaulicher werden zu lassen.

Die Analyse des Teilnahmeverhaltens zeigt deutlich, dass von den Studierenden vor allem zwei Kombinationen der Veranstaltungsteile präferiert werden: Entweder es werden alle angebotenen Module genutzt (42%), oder nur die Vorlesung und die Übung, ohne zusätzlich das Tutorium zu besuchen (44%). Diese Teilnahemtypen wurden nun im Hinblick auf die jeweils abgegebene Bewertung in Form von Schulnoten einer Zusammenhangsanalyse unterzogen. Das hierfür zum Einsatz gekommene statistische Verfahren war die Varianzanalyse, da ja untersucht werden sollte, ob sich die intervallskalierte Schulnote signifikant zwischen den nominalskalierten Teilnahmetypen unterscheidet. Bereits ein erster Blick in die Tabelle der Mittelwerte zeigt jedoch, dass es keinen Unterschied zwischen der im quantitativen Fragebogen gegebenen Gesamtbewertung der Veranstaltung und der Nutzung der einzelnen Veranstaltungsteile ($F=0,007$; $p=.934$) gibt.

Teilnahmetyp	Anzahl	Anteil
Non-Tutoriums-Nutzer, besuchten die Vorlesung und die Übung, nicht jedoch das Tutorium	86	44%
Alles-Nutzer, besuchten alle drei Veranstaltungsteile	81	42%
Vorlesungs-Nutzer, hörten nur die Vorlesung	7	4%
Übungs-Nutzer, gingen nur in die Übung	4	1%
Gar-Nichts-Nutzer, besuchten keinen Teil der Veranstaltung	3	2%
Übungs-und-Tutoriums-Nutzer, besuchten nicht die Vorlesung, sondern nur die Übung und das Tutorium	3	2%
Vorlesungs-und-Tutoriums-Nutzer, gingen nur in die Vorlesung und das Tutorium, nicht jedoch in die Übung	1	1%
Missings	9	5%
Gesamtergebnis	**194**	**100%**

Analysen des Typs qualitativ – qualitativ

Auch auf der Basis der rein qualitativen Daten lassen sich Analysen durchführen, die ein komplexeres Bild der von den Studierenden gegebenen Bewertungen und Verbesserungsvorschläge zeichnen. Ausgangspunkt hiefür bilden die Kategorien der qualitativen Analyse (Kapitel 8), die nun nicht mehr bloß einzeln betrachtet werden, sondern die jetzt untereinander in Beziehung gesetzt werden, bzw. deren Kontext ein besonderer Stellenwert zukommt. Um hierbei nicht im Datenmaterial zu versinken, ist es zielführend, sich immer wieder der Evaluationszwecke und

Fragestellungen zu vergegenwärtigen und diese an den Beginn jedes weiteren Schrittes zu stellen.

Die weiterführende Analyse der qualitativen Daten kann ganz unterschiedlichen Zwecken dienen. So können unter anderem Kontrastierungen vorgenommen werden, entweder auf der Einzelfallebene oder auf der Basis von Gruppierungen, die sich aus dem Spektrum der Antworten ergeben haben (z.B. die unterschiedlichen Arten, sich den Lernstoff zu erarbeiten). Das leitende Interesse hierbei ist, Ähnlichkeiten und Divergenzen im Kontext eines bestimmten Antwortverhaltens festzustellen. Auf der Ebene des Einzelfalls können bspw. einzelne Verbesserungsvorschläge ausgewählt werden und die sie nennenden Personen genauer in den Fokus genommen werden: Von wem kommen die Verbesserungsvorschläge? Was haben die Personen, die diesen Vorschlag gemacht haben, auf andere Fragen geantwortet?

Die computergestützte Analyse bietet noch eine weitere Möglichkeit der Kontrastierung auf dieser Ebene: Die Codezuordnungen zu *mehreren* Codes lassen sich gleichzeitig und nach Fällen sortiert ausgegeben. So können bspw. die Verbesserungsvorschläge in Kombination mit den Gefühlsäußerungen gelesen und analysiert werden, wodurch die Aussagen besser eingeordnet und verstanden werden können.

Über den Einzelfall hinaus können Personengruppen, die einen bestimmten Verbesserungsvorschlag gemacht oder eine bestimmte Bewertung abgegeben haben, auf das Vorhandensein eines weiteren interessierenden Codes hin untersucht werden (z.B. einem gewissen Motiv zur Teilnahme an einem Programm). In jedem Fall hat die Kontrastierung auch einen explorativen Charakter, da durch sie auch Unerwartetes ans Licht kommen kann.

So haben wir es gemacht

Uns interessierte, in welchem Zusammenhang die Bewertung der Forschungsprojekte mit der Stofferarbeitung in Lerngruppen stand. Bilden sich durch die Projektarbeit neue Lerngruppen? Die Antworten der Studierenden ließen leider keinen Rückschluss hierauf zu, jedoch kam es zu einem Zufallsbefund: Es fiel auf, dass bei fast allen Studierenden, die das Forschungsprojekt gut fanden, das Lehrbuch »Bortz« eine Rolle bei der Stofferarbeitung gespielt hat. Eine erste Hypothese aufgrund dieser Entdeckung ist, dass das Forschungsprojekt besonders den Studierenden entgegenkommt, die bei der Stoffaneignung ein gewisses Maß an Eigeninitiative und Interesse zeigen – Attribute, die auch bei der Projektarbeit nicht unwichtig sind.

Eine weitere Art der Kombination des qualitativen Materials stellt das Suchen nach dem gleichzeitigen Vorkommen von Kategorien dar. Dies kann entweder explorativ erfolgen, indem sich eine (graphische) Übersicht aller in den Texten vorhandenen Code-Überschneidungen ausgegeben wird, oder es werden gezielt Codes ausgewählt und deren gemeinsames Auftreten im Material untersucht. Gerade die explorative Vorgehensweise ist bei Online-Befragungen jedoch einer Beschränkung unterworfen: Die Antworten sind aufgrund der Erhebungsform sehr stark strukturiert und erfolgen präzise auf die klar abgegrenzten Fragen, was dementsprechend auch für die Codierungen gilt. Anders als in narrativen Interviews kommt es hier nicht zu Code-Überschneidungen in dem Sinne, dass unterschiedliche Themenkomplexe gehäuft in Kombination auftreten. Gleichwohl bietet dieses explorative Vorgehen auf der Segmentebene bspw. die Möglichkeit herauszufinden, welche negativ oder positiv bewerteten Aspekte gleichzeitig auftauchen.

So haben wir es gemacht

Die beim Kontrastieren zufällig gemachte Entdeckung, dass das Lehrbuch von Jürgen Bortz bei fast allen Studierenden, die das Forschungsprojekt gut fanden, eine Rolle bei der Stofferarbeitung gespielt hat, wollten wir genauer überprüfen. Hierfür wandelten wir den Code »Bortz hat eine Rolle gespielt« in eine Variable um, also in ein beschreibendes Merkmal, das jedem einzelnen Text und damit jeder Person zugeordnet ist. Mit Hilfe dieser neuen Variable kann nicht nur in einer tabellarischen Variablenübersicht schnell erschlossen werden, wer den Bortz genutzt hat und wer nicht, sondern diese Variablen können auch zur Konstruktion von Kreuztabellen genutzt werden. Diese zeigen für die interessierenden Codes – in unserem Fall die positive Bewertung des Forschungsprojektes – wie viele der Codierungen jeweils von den unterschiedlichen, im Vorfeld definierten, Personengruppen stammen. Da wir jede Information nur einmal codiert hatten, sahen wir, dass tatsächlich von den 13 Personen, die das Projekt gut bewerten, die große Mehrheit sich auch (freiwillig) den Stoff mittels Bortz erarbeitet haben.

Analysen des Typs qualitativ – quantitativ

Einhergehend mit der problemlosen Erhebung großer Mengen sowohl qualitativer als auch quantitativer Daten bieten Online-Erhebungen einen besonderen Mehrwert: die Möglichkeit der umfassenden Kombination der beiden Datentypen, welche in zwei Richtungen erfolgen kann. Zum einen können die standardisierten Daten dazu genutzt werden, gezielt die Antworten auf offenen Fragen bestimmter Personengruppen auszuwerten – z.B. nur die Verbesserungsvorschläge der weiblichen Befragten. Über eine solch einfache Eingrenzung von Personengruppen hinaus ist es beim Einsatz von Analysesoftware auch möglich, deutlich komplexere Suchanfragen zu stellen. Bei diesem so genannten »Selektiven Retrieval« können dann z. B. nur Personen eines bestimmten Geschlechts, in einer bestimmten Altersgruppe und mit einem bestimmten Bildungsabschluss gezielt zur weiterführenden Analyse ausgewählt werden.

Die andere Richtung der Analyse geht vom qualitativen Material aus und ermöglicht es bspw., für bestimmte Bewertungen zu untersuchen, von wem diese am häufigsten abgegeben werden. Bei diesem Vorgehen kann sowohl eine Perspektive gewählt werden, die auf die einzelnen Individuen blickt, als auch eine Gesamtschau über verschiedene Probandengruppen vorgenommen werden. Im ersten Fall dienen die quantitativen Daten dazu, sich bei interessanten Textstellen die betreffende Person genauer anzuschauen, um so ein plastischeres Bild von ihr zu bekommen oder um erste theoretische Annahmen – z. B. zum Bildungshintergrund der Person – bestätigen oder verwerfen zu können. Im Falle der Gesamtschau dienen die quantitativen Daten der Gruppierung der Probanden und der daran anschließenden Untersuchung von Unterschieden in der Verteilung der Antworten.

So haben wir es gemacht

Im standardisierten Teil der Evaluation wurden die Studierenden gebeten, die gesamte Veranstaltung mit einer Schulnote (1–6) zu bewerten. Es interessierte nun, ob und ggf. wie sich die negativen, offen formulierten Bewertungen zwischen den einzelnen »Schulnotengruppen« unterscheiden. Auch hier konnten wir wieder auf das bereits beschrieben Instrument der Kreuztabelle zurückgreifen. Dabei dienten die abgegebenen Schulnoten als Spaltenvariablen und die einzelnen Subcodes der Kategorie »Missfallen« als Zeilenvariablen. Den größten Unterschied konnten wir in der Wahrnehmung des Lärms in der Vorlesung feststellen. Der Anteil der kritischen Äußerungen diesbezüglich sinkt – ausgehend von der Bewertung »sehr gut« – von Gruppe zu Gruppe: Je besser die Studierenden die Veranstaltung bewerteten, desto mehr stört sie der Lärm. Dieser ist demnach nicht ein Faktor, der die Bewertung grundlegend beeinflusst, sondern vielmehr ein störendes Ärgernis für diejenigen, die die Veranstaltung ansonsten gut finden.

Eine weitere Möglichkeit der Methodenkombination, die vom qualitativen Datenmaterial ausgeht, bietet die Transformation des selbigen in quantitative Daten. Hierbei wird eine Datei erstellt, in der für jeden Text die Information enthalten ist, wie viele Textstellen zu jedem einzelnen Code zugeordnet wurden. Diese Datei kann problemlos in Statistiksoftware importiert und dort weiter analysiert werden. Wurde im Vorfeld in den Codierregeln festgelegt, dass jede Information nur ein Mal codiert wird, gibt es nun für jeden Code eine dichotome Variable, die die Werte 1 (»Code genannt«) und 0 (»Code nicht genannt«) enthält.

So haben wir es gemacht

Wie bereits in Kapitel 7 beschrieben, gab es eine nicht zu vernachlässigende Anzahl von Codierungen zum Thema »Angst«. Wie wir aber feststellen konnten, hat sich die Angst während des Semesters bei fast allen verloren. Bei dieser Gruppe derjenigen, die Angst hatten, interessierte uns, ob diese die Veranstaltung anders bewerten als die nicht-ängstlichen. Einen ersten Eindruck vermittelten die MAXQDA-Kreuztabellen, in der wir einen Unterschied in der Bewertung der Übungsprojekte feststellten. Diesen wollten wir mir Hilfe statistischer Verfahren genauer untersuchen und auf Signifikanz überprüfen.

MAXQDA bietet die Möglichkeit, eine Matrix der Codehäufigkeiten zu Exportieren, die Information darüber gibt, wie häufig welcher Code welcher Person zugeordnet wurde. Nach dem Import dieser Matrix nach SYSTAT wurde ein Chi-Quadrat-Test mit den beiden Variablen »Angst« und »Missfallen/Projektarbeit« durchgeführt, der als Ergebnis einen signifikanten Zusammenhang auswies (Chi-Quadrat=6,3; p=.012; Cramers V=.18). Die Personen, die Angst hatten, benennen deutlich häufiger die Projektarbeit als Kritikpunkt als die Personen, die keine Angst hatten. Eine mögliche Interpretation für diesen Zusammenhang ist, dass das Übungsprojekt von den »Ängstlichen« als zusätzliche Belastung und vielleicht sogar als Überforderung erlebt wird und dementsprechend schlechter bewertet wird.

Visuelle Darstellungen der Codeverteilungen bieten darüber hinaus eine zusätzliche Möglichkeit der explorativen Analyse des Materials. Hierbei werden in einer Übersicht für jede Person die Anzahl der Codierungen zu jedem einzelnen Code visualisiert. Von dieser Darstellung aus können dann gezielt Personen ausgewählt werden, etwa diejenigen, die viele Kritikpunkte genannt haben. Durch diese Möglichkeit des Zugriffs auf den Kontext einer Antwort können selbige besser eingeordnet bzw. verstanden werden. Darüber hinaus können mit einer solchen Darstellungen ebenfalls Muster erkannt werden, bspw. welche Verbesserungsvorschläge häufig gleichzeitig genannt wurden.

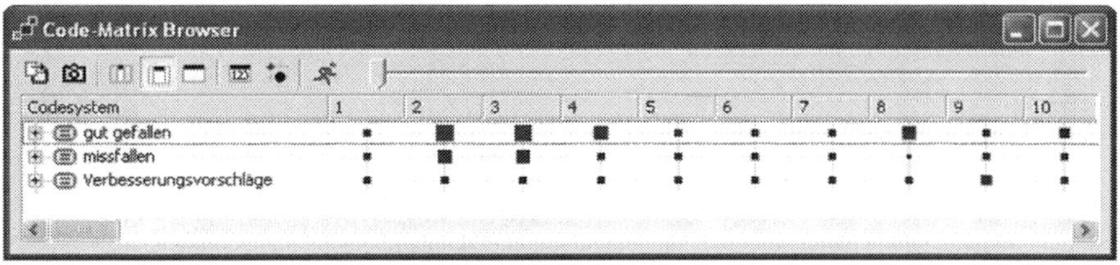

Abb. 13: Darstellung der Codehäufigkeiten pro Fall in MAXQDA

Vertiefende Literatur

Creswell, John W. (2003): Research Design. Qualitative, Quantitative, and Mixed Methods Approaches. Thousand Oaks u.a.: Sage

Denzin, Norman K. (1978): The Research Act: A Theoretical Introduction to Sociological Methods. 2. Aufl., New York: McGraw Hill

Erzberger, Christian; Prein, Gerald (1997): Triangulation: Validity and Empirically-based Hypothesis Construction. In: Quality and Quantity, 31 (2), S. 141-154

Flick, Uwe (2007b): Triangulation. Eine Einführung. Wiesbaden: VS-Verlag

Kelle, Udo (2007): Die Integration qualitativer und quantitativer Methoden in der empirischen Sozialforschung. Theoretische Grundlagen und methodologische Konzepte. Wiesbaden: VS-Verlag

Tashakkori, Abbas; Teddlie, Charles (2003): Handbook of Mixed Methods in Social & Behavioral Research. Thousand Oaks u.a.: Sage

10. Der Evaluationsbericht: Erstellung und Kommunikation

Nach Abschluss der Datenauswertung läuft das Evaluationsprojekt nun auf die Zielgerade ein. Jetzt gilt es, die Ergebnisse aufzubereiten, Konsequenzen und Empfehlungen zu erarbeiten und alle diese Informationen in einem Evaluationsbericht zusammenzuführen. Dabei sollte man die Bedeutung der Berichterstattung und die Kommunikation der Ergebnisse nicht unterschätzen, denn was nützen die besten Ergebnisse, wenn sie nicht kommuniziert werden und in veränderten und optimierten Handlungen münden?

Evaluationsbericht erstellen

Hinweise für die Erstellung des Evaluationsberichts enthalten unter anderem die folgenden drei Standards der DeGEval.

> *Nützlichkeitsstandard 6: Vollständigkeit und Klarheit der Berichterstattung*
> Evaluationsberichte sollen alle wesentlichen Informationen zur Verfügung stellen, leicht zu verstehen und nachvollziehbar sein.
>
> *Genauigkeitsstandard 5: Offenlegung der Ergebnisse*
> Die Evaluationsergebnisse sollen allen Beteiligten und Betroffenen soweit wie möglich zugänglich gemacht werden.
>
> *Genauigkeitsstandard 8: Begründete Schlussfolgerungen*
> Die in einer Evaluation gezogenen Folgerungen sollen ausdrücklich begründet werden, damit die Adressaten und Adressatinnen diese einschätzen können.

Bevor man mit dem Schreiben eines Berichts beginnt, sollte man drei grundlegende Fragen klären (vgl. Beywl/Schepp-Winter 2000: 83ff., Keller-Ebert u.a. 2005: 60ff.):

1. Was soll mit dem Bericht erreicht werden? Ein Evaluationsbericht kann bspw. der Legitimation gegenüber Financiers dienen, Informationen zur Entschei-

dungsfindung bereitstellen oder zur internen Verständigung über die Verbesserung einer Lehrveranstaltung beitragen. Je nach verfolgtem Ziel muss der Bericht länger oder kürzer ausfallen, andere Schwerpunkte setzen, das Evaluationsdesign detailliert vorstellen oder dieses nur am Rande erwähnen.

2. Wer soll den Bericht lesen? Ein Evaluationsbericht wird immer für jemanden geschrieben und ist sich selbst nicht Zweck genug. Wissenschaftler, Auftraggeber, Journalisten, Ämter, Sponsoren, Kolleginnen und Kollegen und viele weitere Stakeholder und Interessierte verknüpfen in der Regel unterschiedliche Erwartungen mit einem Bericht. Deshalb ist es besonders wichtig, die unterschiedlichen Interessen und das jeweilige Vorwissen der potenziellen Leserinnen und Leser bereits bei der Konzeption im Blick zu haben. Während Auftraggeber meist stärker an den konkreten Ergebnissen und weniger an Stichproben-Techniken interessiert sind, sollte für die Zielgruppe der Evaluationsexperten das methodische Design ausführlich dargelegt werden. Darüber hinaus sollte die Sprache für die Adressaten verständlich sein. Zur Frage, ob die Evaluationsergebnisse auch den Befragten präsentiert werden sollten, trifft die DeGEval (2002) eine eindeutige Aussage: Im Fairnessstandard 5 heißt es, dass die Evaluationsergebnisse *allen* Beteiligten und Betroffenen soweit wie möglich zugänglich gemacht werden sollen.

3. Wann soll der Bericht vorliegen? Üblicherweise erfolgt bei summativ angelegten Evaluationsprojekten die Berichterstattung zum Abschluss des Evaluationsprojektes – allerdings bevor relevante Entscheidungen gefällt werden, denn hierzu soll der Bericht ja fundierte Informationen bereitstellen (vgl. Balzer 2005: 244). Bei formativen Projekten und auch bei Evaluationen mit deutlich abgrenzbaren Phasen dienen Zwischenberichte dazu, die Entwicklung des Evaluationsgegenstandes zu steuern (vgl. Meiers/Schneider 2007: 319). Auch sie müssen spätestens zu Terminen vorliegen, an denen Entscheidungen über den Gegenstand getroffen werden.

Zwar unterscheidet sich je nach speziellen Anforderungen und Rahmenbedingungen die konkrete Berichtsform, doch lässt sich ein prototypischer Aufbau eines Evaluationsberichts wie in Abb. 14 angeben (vgl. Beywl u.a. 2007, Keller-Ebert u.a. 2005, Meiers/Schneider 2007).

---

1. Kurzzusammenfassung des Vorgehens und der wichtigsten Ergebnisse
2. Evaluationsgegenstand und Evaluationszweck, Fragestellungen und Bewertungskriterien
3. Darstellung der Datenerhebung und Datenauswertung
4. Ergebnisse zu den Fragestellungen
5. Schlussfolgerungen und Bewertung der Ergebnisse
6. Konsequenzen und Empfehlungen
Literatur/Quellenangaben
Anhang

Abb. 14: Prototypischer Aufbau eines Evaluationsberichts

Die Kurzzusammenfassung präsentiert auf ein bis zwei Seiten die Ziele, das methodische Vorgehen und die wichtigsten Ergebnisse der Evaluation und ist besonders für Leserinnen und Leser mit wenig Zeit gedacht. Doch auch Personen, die den gesamten Bericht lesen, erhalten durch die Lektüre der Zusammenfassung einen ersten hilfreichen Überblick über das Evaluationsprojekt. Sogar die Autorinnen und Autoren selbst profitieren von der Erstellung der Kurzübersicht, denn sie sind gezwungen, über die Evaluation und ihre Ergebnisse zu reflektieren und die wichtigsten Kernpunkte zu identifizieren. Es bietet sich deshalb an, die Kurzzusammenfassung erst nach Abschluss der anderen Berichtsteile zu verfassen, da die wichtigsten Inhalte aus den anderen Kapiteln des Berichtes entnommen werden können. Von selbst versteht sich, dass in der Zusammenfassung keine Informationen präsentiert werden dürfen, die über die Inhalte der folgenden Kapitel hinaus gehen.

Das zweite Kapitel greift auf die in der Planungsphase erarbeiteten Inhalte zurück: Gegenstand und Zweck der Evaluation sowie die verfolgten Fragestellungen und Bewertungskriterien können von dort direkt übernommen werden. Um Arbeitszeit einzusparen, ist es deshalb ratsam, bereits bei der Planung der Evaluation (vgl. Kapitel 2) die spätere Verwendung im Evaluationsbericht zu bedenken – wenn möglich sogar direkt in einer entsprechenden Dokumentvorlage für den Endbericht zu arbeiten.

Das dritte Kapitel behandelt das Vorgehen bei der Datenerhebung und bei der Datenauswertung: Welcher Evaluationsansatz wurde aus welchen Gründen verwendet? Wie war die Stichprobe zusammengesetzt? Welche Erhebungsinstrumente wurden verwendet? Welche Auswertungsverfahren wurden eingesetzt? Wie wurden die quantitativen und qualitativen Daten miteinander verknüpft?. Auch hier gilt, dass es zeitökonomisch sein kann, gleich zu Beginn der Evaluationsplanung (zumindest stichpunktartig) das geplante Vorgehen zu notieren.

Im vierten Kapitel werden die Ergebnisse zu den eingangs formulierten Fragestellungen präsentiert. Die Fragestellungen sollten durch die Analyseschritte beantwortet sein, die in den Kapiteln 7 bis 9 dieses Buches beschrieben werden, so dass man geeignete Textteile und ggf. erstellte Diagramme in den Bericht kopieren kann – sofern man nicht bereits direkt in der Berichtsdatei gearbeitet hat. Die gesamten Ergebnisse sind jedoch meist zu umfangreich und zu ausufernd, um zu einer übersichtlichen Darstellung beizutragen und man sollte überlegen, diese im Anhang für interessierte Leserinnen und Leser bereitzustellen.

Wie sind die dargestellten Ergebnisse mit Blick auf den Evaluationszweck und die Fragestellungen zu bewerten und welche Schlussfolgerungen ergeben sich daraus? Diese Frage muss im fünften Kapitel des Evaluationsberichts beantwortet werden. Grundlage für die nun anstehende Begutachtung der Ergebnisse bilden die eingangs formulierten Bewertungskriterien bzw. Zielkorridore für den Evaluationsgegenstand. Wann immer Schlussfolgerungen aus den Ergebnissen gezogen werden, so müssen sich diese immer direkt aus den Daten ergeben und immer begründet werden, damit die Adressatinnen und Adressaten diese einschätzen können (vgl. Genauigkeitsstandard G8).

Das sechste Kapitel des prototypischen Evaluationsberichts beinhaltet die konkreten Konsequenzen und Empfehlungen, die sich aus den Evaluationsergebnissen, Schlussfolgerungen und Bewertungen ergeben. Auch wenn die Vermutung nahe liegt, dass am Ende einer Evaluation formulierte Empfehlungen den Nutzwert deutlich erhöhen, sollte man bei ihrer Formulierung Vorsicht walten lassen (vgl. Beywl u.a. 2007: 69). Denn je stärker die Empfehlungen in die vorhandenen Strukturen eingreifen und je ausgeprägter ihr Vorschriftscharakter ist, desto größer ist die Gefahr, dass sie nicht umgesetzt werden. Strategisch geschickter ist es deshalb, Empfehlungen gemeinsam bzw. in enger Absprache mit den Auftraggebern zu erarbeiten.

Hinweise zu Diagrammen, Grafiken und Tabellen

Evaluationsberichte sollten möglichst anschaulich und verständlich gestaltet sein. Deshalb bietet es sich an, den reinen Text um Visualisierungen wie Diagramme, Tabellen und Grafiken zu ergänzen. Allzu häufig tragen allerdings grafische Darstellungen eher zur Verwirrung bei, anstatt einen leichteren und direkten Zugang zu den Daten und Ergebnissen zu ermöglichen. Da findet man z.B. dreidimensionale gestapelte Balkendiagramme ohne jede Zahlenangabe, die für die Leserin und den Leser keinerlei Wert haben, es sei denn einen ästhetischen. Wir haben deshalb im Folgenden einige Grundformen grafischer Darstellungen und diesbezügliche Grundregeln zusammengestellt. Generell gilt die Empfehlung, dass man bei jeder Illustration zunächst überlegen muss, welcher Gedanke bzw. welche Ergebnisse überhaupt visualisiert werden sollen. Auch sollte man berücksichtigen, inwieweit die Lesenden mit Grafiken vertraut sind (vgl. Beywl u.a. 2007: 66).

Häufigkeitstabellen – sollten absolute und relative Häufigkeiten enthalten, die zugrunde liegenden Fragen im Wortlaut wiederholen und Angaben über die Zahl der fehlenden Antworten enthalten.

	stimmt nicht	stimmt eher nicht	stimmt eher	stimmt	keine Antwort	Mittelwert*
	1	2	3	4		
Die Veranstaltung verläuft nach einer klaren Gliederung.	1 0,5%	3 1,5%	36 18,5%	153 78,5%	2 1,0%	3,77

Anweisung: Bitte geben Sie an, in wieweit Sie der jeweiligen Aussage zur Veranstaltung zustimmen.
* Mittelwert der Antwortcodes 1 bis 4. Je höher der Wert, desto höher ist die Zustimmung zu einer Aussage.

Tab. 4: Beispiel für eine Häufigkeitstabelle

Kreuztabellen – sollten ebenfalls Angaben über die fehlenden Werte sowie absolute und relative Häufigkeiten enthalten. Um die Tabelle nicht mit Zahlen zu überfrachten, sollten möglichst nur Zeilen- oder Spaltenprozente entsprechend der Fragerichtung enthalten sein. Es ist unbedingt das Gebot der Sparsamkeit zu beachten, d.h. es sind nur solche Informationen wiederzugeben, die auch tatsächlich benötigt werden. Interpretiert man die Zusammenhänge, die sich in der Tabelle darstellen, ist die Angabe von Chi-Quadrat und Irrtumswahrscheinlichkeit sowie eines geeigneten Zusammenhangskoeffizienten – etwa Cramers V – geboten.

		Angst		
		genannt	nicht genannt	Total
Geschlecht	weiblich	28 (18,3%)	125 (81,7%)	153 (100,0%)
	männlich	15 (36,6%)	26 (63,4%)	41 (100,0%)
	Total	43	151	194

Tab. 5: **Kreuztabelle zum Zusammenhang zwischen dem Geschlecht und der Äußerung von Angst in der offenen Frage nach den Gefühlen in der Statistikveranstaltung (Chi-Quadrat=6.266, p=.012, Cramers V=.18, keine fehlenden Werte)**

Diagramme – Liniendiagramme eignen sich insbesondere für die Darstellung von Zeitverläufen, Kreisdiagramme für die Darstellung von Anteilen und Balken- bzw. Säulendiagramme für einen kontrastierenden Vergleich von absoluten oder von relativen Häufigkeiten. Zeitverläufe orientieren sich entsprechend der Leserichtung von links nach rechts, wobei in einem Liniendiagramm maximal vier Linienzüge und maximal 20 Datenpunkte Platz haben. Ein Kreisdiagramm sollte nicht mehr als acht Sektoren umfassen und bei kategorialen Daten sollten die Sektoren im Uhrzeigersinn kleiner werden. Auch Balken- und Säulendiagramme sollten nach der Balken- und Säulenlänge aufsteigend oder absteigend sortiert sein, wenn sie kategoriale Daten veranschaulichen sollen. Wenn allerdings ordinale Daten illustriert werden, ist es sinnvoller die logische Reihenfolge zu erhalten, also z.B. die Balken und Säulen entsprechend der Kategorien »niedrig«, »mittel«, »hoch« etc. anzuordnen. Für die Beschriftung gilt: Diagramme benötigen einen aussagekräftigen Titel sowie eindeutige Achsenbeschriftungen. Die jeweiligen Sektoren, Balken und Säulen müssen natürlich auch beschriftet werden, und die jeweiligen relativen Häufigkeiten dürfen auch nicht fehlen. Die ggf. zugrunde liegende Frage eines Fragebogens und die Anzahl gültiger und fehlender Werte sind ebenfalls anzugeben. (vgl. auch Beywl u.a. 2007: 66)

Nicht nur die Ergebnisse quantitativer Auswertungen lassen sich visualisieren, auch für qualitative Daten bieten sich verschiedene Formen der Darstellung an.

Tabellarische Fallübersichten – geben einen guten Überblick über Konstellationen in den Daten. Sie werden so angefertigt, dass sie für die interessierenden Themen und Kategorien ausgewählte Fälle übersichtlich darstellen und dadurch Besonderheiten und Gemeinsamkeiten sichtbar machen. Man ordnet die Personen am besten horizontal an und ihre Merkmale und Einstellungen auf der Vertikalen.

	Literaturverwendung	Lerngruppe	Grundhaltungen	Mathenote
B1	nur Reader, keine weitere Literatur	nein, nur Nachfrage bei Freundin zur Klausurvorbereitung	Interesse, Hauptsache durch	4+
B2	Bortz komplett durchgearbeitet	wenig: nur einmal so, einmal zur Klausurvorbereitung	Interesse, Ambitionen	3+
B3	k.A., vermutlich keine weitere Literatur	ja, zur Klausurvorbereitung	Angst, Hauptsache durch	2

Tab. 6: Vergleich von drei Befragten hinsichtlich vier Kriterien in einer Fallübersicht

Kreuztabellen – können auch bei qualitativen Methoden einen wertvollen Dienst erweisen. Schmidt (1997: 560ff.) hat diese Form von resümierender Auswertung in die qualitative Datenanalyse eingeführt. Wenn man die qualitativen Daten auf der Basis eines Kategoriensystems auf Fallebene eingeschätzt hat, lassen sich ganz ähnlich wie bei quantitativen Daten Kreuztabellen von Kategorien anfertigen. Diese haben einerseits einen heuristischen Wert, offerieren andererseits aber auch einen neuen Blickwinkel auf die Gesamtheit des analysierten Materials. Sie können darüber hinaus auch als Grundlage für ein Theoretical Sampling (vgl. Glaser/Strauss 1998) dienen, weil sich aus ihnen unmittelbar ablesen lässt, welche Zellen der Tabelle stark, selten oder gar überhaupt nicht frequentiert werden. Für Kreuztabellen qualitativer Daten sind statistische Berechnungen aufgrund der geringen Fallzahl häufig nicht sinnvoll. Wenn man allerdings mit relativ vielen Fällen arbeitet – wie bei der in diesem Buch dargestellten Beispielevaluation – spricht nichts dagegen auch die Chi-Quadrat-Statistik und die Irrtumswahrscheinlichkeit zu berechnen. Dafür müssen natürlich die zugrunde liegenden Daten aus dem Programm für die qualitative Auswertung exportiert und in ein Programm zur statistischen Analyse importiert werden.

Visuelle Darstellung der Kategorienkonfigurationen – Für die Darstellung und Kommunikation der Ergebnisse können Code-Übersichten, wie sie bspw. MAXQDA mit dem Code-Matrix-Browser oder dem Code-Relation-Browser offeriert, eine wichtige

Funktion haben. Aus einer solchen Darstellung lässt sich mit einem Blick ersehen, welche Kategorien bei welchen Personen codiert worden sind (Abb. 15) und welche Kategorien häufig zusammen vorkommen (ohne Abbildung).

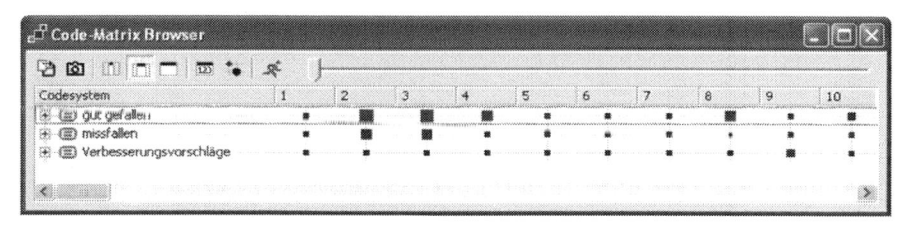

Abb. 15: Code-Matrix-Browser zur Darstellung, welche Personen (Spalten) viel und wenig Lob, Kritik und Verbesserungsvorschläge (Zeilen) geäußert haben

Ergebnisse kommunizieren

> *Nützlichkeitsstandard 8: Nutzung und Nutzen der Evaluation*
>
> Planung, Durchführung und Berichterstattung einer Evaluation sollen die Beteiligten und Betroffenen dazu ermuntern, die Evaluation aufmerksam zur Kenntnis zu nehmen und ihre Ergebnisse zu nutzen.

Mit der Fertigstellung eines Evaluationsberichtes sind die Evaluatoren nicht von ihren Verpflichtungen entbunden, denn sie haben nun die Aufgabe, den Weg für eine Nutzung der Ergebnisse zu bereiten. So weist die DeGEval (2002) im achten Nützlichkeitsstandard darauf hin, dass auch die Berichterstattung einer Evaluation die Beteiligten und Betroffenen dazu ermuntern soll, die Evaluation aufmerksam zur Kenntnis zu nehmen und ihre Ergebnisse zu nutzen. Beywl u. a. (2007: 64ff.) listen zahlreiche Wege und Methoden auf, um die Ergebnisse einer Evaluation zu verbreiten und den Nutzen zu intensivieren. Die vorgeschlagenen Kommunikationsstrategien sind sowohl für Zwischen- als auch für Endberichte geeignet:

- Schriftliche Stellungnahme von Beteiligten zum Bericht einholen. Dies kann durch Leitfragen wie »Welche Schlussfolgerungen ziehen Sie für Ihre weitere Arbeit aus den Ergebnissen?« unterstützt werden.
- Stellungnahme von Beteiligten in Interviews einholen. Ausgewählte Beteiligte werden bezüglich der Evaluationsergebnisse interviewt, z. B. mit der Bitte, die Ergebnisse zu kommentieren, zu ergänzen und eine Gesamteinschätzung vorzunehmen.
- Präsentation der Ergebnisse in Gremien. Während eines laufenden Evaluationsprojektes können z. B. Teilergebnisse vorgestellt werden, und das Gre-

mium bestimmt über den weiteren Verlauf eines Programms. Zum Abschluss eines Projektes kann diskutiert werden, welche Konsequenzen aus einer Evaluationsstudie gezogen werden.
- Feedbackworkshops. Die Workshopteilnehmer bekommen vorab den Evaluationsbericht zugesandt und klären auf dem Workshop Relevanz und Anwendbarkeit einzelner Punkte und erarbeiten Folgeaktivitäten.

Diese leicht zu erweiternde Auflistung verdeutlicht, dass der Bericht nicht immer die erstbeste und vor allem nicht die einzige Wahl darstellt, um die Evaluationsergebnisse zu verbreiten, auch wenn man in den seltensten Fälle ohne ihn auskommt. So weisen Schneider und Meiers (2007: 316) darauf hin, dass »Reporting« im Kontext von Evaluationen eine Vielzahl von kommunikativen Aktivitäten umfasst und auch in den Standards der DeGEval werden neben dem Bericht auch »Referate, Workshops und andere Kommunikationsformen« (Nützlichkeitsstandard 6) aufgeführt. Darüber hinaus zeigt die Auflistung, dass ein Evaluationsbericht nicht zwangsläufig erst am Ende eines Projekts erstellt werden muss, sondern vor allem in formativ angelegten Evaluationen auch Zwischenberichte gefordert sind.

Im Rahmen von Evaluationen mit internetgestützter Datenerhebung drängt sich natürlich noch die Frage auf, welche speziellen Formen der Berichtslegung und Ergebniskommunikation denkbar sind. Sofern die E-Mail-Adressen der Befragten vorhanden sind, liegt es nahe, auch den Evaluationsbericht per E-Mail an diese zu versenden, sofern dies dem Evaluationszweck und der Nutzung der Ergebnisse dient oder sofern man ein solches Versprechen gegeben hat. Besonders kritisch sollte dabei die Länge und der inhaltliche Schwerpunkt eines elektronisch versendeten Berichts überdacht werden, da vor allem die Probanden meist nur an den Ergebnissen interessiert sind und man ihnen nicht zumuten sollte, 50 oder mehr Seiten am PC zu lesen oder auszudrucken. Stehen die E-Mail-Adressen der Befragten nicht zur Verfügung, weil es sich etwa um eine öffentliche Online-Evaluation handelte, bietet es sich an, die Ergebnisse auf einer Webseite zu veröffentlichen und die Datengebenden vorab auf die diese spätere Veröffentlichung der Ergebnisse im Netz hinzuweisen. Schließlich ist denkbar, auch die oben aufgelisteten Kommunikationsformen ins Internet zu verlagern, z.B. ein Forum einzurichten, in dem die Evaluationsergebnisse von den Beteiligten kommentiert und mit ihnen diskutiert werden können.

Vertiefende Literatur

Beywl, Wolfgang; Kehr, Jochen; Mäder, Susanne; Niestroj, Melanie (2007): Evaluation Schritt für Schritt: Planung von Evaluationen. Heidelberg: hiba (Kap. 6)

Meiers, Ralph; Schneider, Vera (2007): Reporting. In: Stockmann, Reinhard (Hrsg.): Handbuch zur Evaluation. Eine praktische Handlungsanleitung Münster u.a.: Waxmann, S. 314-339

11. Methodische Bilanz

Online-Forschung auf dem Vormarsch

Hinsichtlich der in der Evaluation eingesetzten Methoden scheint sich in den letzten Jahren der gleiche Trend durchzusetzen wie in der empirischen Sozialforschung generell. Die Methodenwahl hat sich stark verschoben, zum einen ist eine starke Verschiebung in Richtung qualitativer Verfahren festzustellen, zum anderen haben sich auch im Bereich der quantitativen Methoden Veränderungen vollzogen: So ist die ehemalige Nummer 1 unter den Datenerhebungsverfahren, das face-to-face Interview, durch das Telefoninterview ersetzt worden und mehr und mehr sind auch Formen der Online-Datenerhebung auf dem Vormarsch (vgl. Diekmann 2008). Insgesamt haben sich Verfahren elektronisch gestützter Datenerhebung immens ausgebreitet.

Mit der vorliegenden Studie haben wir versucht zu eruieren, ob sich solche internetbasierten Verfahren auch von »normalen« Evaluatoren und Evalutorinnen, welche nicht ein großes Institut mit gebündelten technischen Kompetenzen im Hintergrund wissen, mit Gewinn einsetzen lassen. Dabei haben wir bewusst Software ausgesucht, die leicht zugänglich, leicht erlernbar und vor allem bezahlbar ist. Wir haben uns also nicht auf die Suche nach der »besten Software« für Online-Umfragen begeben, wobei wir mit ziemlicher Sicherheit bei recht teuren High-end-Systemen gelandet wären, sondern haben auf Wirtschaftlichkeit und Benutzerfreundlichkeit geachtet. Im Verlauf des Evaluationsprojektes hat es keine bösen Überraschungen gegeben, die technische Realisierung hat zu keinem Zeitpunkt größere Probleme bereitet und ruhigen Gewissens kann man auch kleineren Instituten oder Evaluationsgruppen den Einsatz der modernen Online-Verfahren empfehlen. Im Folgenden wird das Evaluationsprojekt noch einmal unter methodischen Gesichtspunkten untersucht und gefragt, wie die Bilanz von Online-Evaluation aussieht: Was gewinnt man gegenüber konventionellen Erhebungsverfahren und was genau ist der Mehrwert einer Online-Evaluation mit Mixed Methods?

Veränderte Kompetenzanforderungen für Planung, Durchführung und Auswertung der Evaluation

Evaluationen, die mit Online-Erhebungen arbeiten wollen, stellen schon in der *Planungsphase* andere, teilweise höhere Anforderungen an die Kompetenzen der Evaluatoren. Auch dann, wenn man den Anteil der *online* durchzuführenden Schritte der Evaluation auf die Datenerhebungsmethode »Befragung« beschränkt, ist das erforderliche Mehrwissen beträchtlich: Die Evaluierenden müssen nicht nur Kenntnisse über Online-Erhebungen und Vorkehrungen für den Datenschutz in dieser speziellen Erhebungsform haben, sie müssen auch die veränderten Konstruktionsregeln für Fragebögen und die Regeln für die Gestaltung von offenen Fragen in Online-Surveys kennen.

In der *Durchführungsphase* gilt es zunächst, sich Kompetenzen im Umgang mit einer Software zur Erstellung internetbasierter Umfragen anzueignen. Im weiteren Fortgang der Evaluation benötigt man Know How für die Verwaltung der Umfrageteilnehmer. Online-Datenerhebungen sind naturgemäß unpersönlicher als telefonische oder gar mündlich-persönliche Formen der Datenerhebung. Sofern die Befragten kein starkes Eigeninteresse haben, ist der Gebrauch von Incentives ein probates Mittel, um die drohende mangelnde Beteiligungsquote zu vermeiden. Solche sind in vielen Fällen unumgänglich um die Beteiligungsquote an der Online-Erhebung zu erhöhen. Dabei muss es sich keineswegs um teure Geschenke handeln, die Teilnahme an einer Verlosung von Kinofreikarten, Einkaufsgutscheinen oder attraktiven technischen Geräten wie ein iPod shuffle reichen hier völlig aus.

In der *Auswertungsphase* einer methodenintegrativen[25] Evaluation muss man sich schließlich der Herausforderung stellen, die qualitativen Daten von ungewöhnlich vielen Personen zu analysieren. Die Auswertung der großen Menge von Text wird durch QDA-Software wesentlich erleichtert. Auch der Umgang mit dieser Software muss, falls nicht bereits bekannt, erlernt werden. Wenn der Datenimport in die Analysesoftware nahezu vollautomatisch funktioniert und wenn auf automatisierte, diktionärsbasierte Verfahren zurückgegriffen werden kann, dann lassen sich sogar Erhebungen von mehreren hundert Probanden erstaunlich schnell analysieren, wie in einer Online-Evaluation der Bedürfnisse von Studienanfängern einer amerikanischen Universität (vgl. Ritter/Sue 2007: 57ff.). Das Codieren des Datenmaterials durch menschliche Codierer, das eigentlich für qualitative Forschung ty-

---

25 Hier wird der Begriff „Methodenintegration" eher im Sinne von Kelle (2007) verwendet, der hierunter die Kombination qualitativer und quantitativer Methoden versteht. Anders hingegen die Begriffsverwendung von „Methodentriangulation" bei Denzin: Das gleiche Phänomen wird mit unterschiedlichen Methoden erfasst. Dabei kann man sowohl Methoden des gleichen Paradigmas als auch Methoden beider Paradigmen miteinander kombinieren.

pisch ist, nimmt selbstverständlich mehr Zeit in Anspruch, aber auch qualitative kategorienbasierte Auswertungen lassen sich noch für relativ große Stichproben, wie n=194 im Beispiel dieses Buches, ohne große Probleme durchführen. Bei wesentlich mehr Befragten (n>300) würde dies sicher nicht mehr ohne weiteres der Fall sein, hierzu wären erhebliche zeitliche und personelle Ressourcen erforderlich, so dass man über Kompromisse bei der Auswertungsmethodik nachzudenken hätte. Diese könnten etwa so aussehen, dass man weniger offene Fragen stellt, teilweise Formen automatisierter Analyse anwendet, teilweise nur mit einer Stichprobe in der Auswertung arbeitet oder aber eine Kombination der drei Möglichkeiten anwendet.

Alle hier erwähnten Kompetenzen lassen sich, wie die vorangehenden Kapitel gezeigt haben, durchaus in vertretbarer Zeit erlernen und umsetzen. Für diesen Lernaufwand bekommen Evaluatoren und Evaluatorinnen allerdings auch eine Menge an »Return of investment«. Online-Erhebungen sind schnell, kostengünstig und höchst zuverlässig. Amerikanische Evaluationsstudien zeigen, dass das Feld für die Integration von Online-Erhebungen in Evaluationsprojekte sehr weit gefächert und nicht auf kleine Nischen beschränkt ist. Beispiele hierfür geben die von Ritter und Sue dargestellten Case Studies, zum einen eine Evaluationsstudie über die Bedürfnisse amerikanischer Universitätsanfänger, zum anderen eine Evaluation eines Telemedizin-Programms in ländlichen Regionen (vgl. Ritter/Sue 2007: 57 ff.).

Der Mehrwert onlinebasierter Mixed Methods-Erhebungsverfahren

Eine der Hauptfragestellungen der in diesem Buch immer wieder als Beispiel herangezogenen Evaluationsstudie war die Frage nach dem möglichen Ertrag eines Mixed Methods-Ansatzes. Die Resultate einer von unserer Arbeitsgruppe im Vorjahr durchgeführten *qualitativen Evaluation* waren sehr ermutigend hinsichtlich der formativen Aspekte von Evaluationen, also der Verbesserung des evaluierten Programms (vgl. Kuckartz u.a. 2008). Die Nachteile einer qualitativen Evaluation waren andererseits die relativ kleine Stichprobe und der relativ hohe Arbeitsaufwand pro Erhebungseinheit, der schon mit der Notwendigkeit der Verschriftlichung beginnt. Wie in Kapitel 1 geschildert, war ein Hauptziel des hier dargestellten Projektes zu eruieren, inwiefern eine onlinebasierte methodenintegrative Evaluation eine Alternative darstellen könnte, da hier die genannten Nachteile einer rein qualitativen, mit face-to-face Methoden arbeitenden Evaluation nicht bestehen.

Die Zugewinne von methodenintegrativen Online-Evaluationen lassen sich insgesamt zehn Punkten zuordnen, wobei die ersten fünf Punkte generell für Online-Evaluationen gelten und die folgenden Punkte sechs bis zehn den speziellen Mehrwert eines Mixed Methods-Ansatzes beschreiben.

1. Große Stichproben

Mittels Online-Erhebungen lassen sich *große Stichproben* schnell und einfach realisieren. Das gilt bereits für herkömmliche standardisierte Erhebungen und in besonderem Maße für methodenintegrative Online-Erhebungen: Allen Personen können auch offene Fragen gestellt werden und es entfällt der Vorgang der Transkription bzw. das oft mühselige Entziffern handschriftlicher Antworten. In der hier berichteten Evaluationsstudie waren die Antworten vielfach erstaunlich umfangreich, Befürchtungen, die Antworten wären zu kurz und wenig aussagekräftig, haben sich nicht bewahrheitet. Die von den Befragten selbst eingetippten Daten einer Online-Erhebung geben mitunter aber einen größeren Interpretationsspielraum, denn anders als beim face-to-face Interview kann ja nicht an Ort und Stelle direkt nachgefragt werden, wie eine Äußerung denn genau gemeint ist.

2. Erhöhte Datenqualität, schnelle Datenverfügbarkeit und erweiterte methodische Möglichkeiten

Online-Erhebungen erfolgen schnell und fehlerfrei. Sie eröffnen die Möglichkeit direkter Plausibilitätskontrolle bereits bei der Datenerhebung. Eine gesonderte Eingabe der Daten durch das Evaluatorenteam ist nicht mehr notwendig, Eingabe- und Übertragungsfehler werden völlig vermieden. Auswertung können schnell erstellt werden und Zwischenauswertungen sind zu jedem Zeitpunkt möglich. Für die Konstruktion eines Online-Fragebogens bieten sich viele neue Möglichkeiten, wie etwa die Chance, eine sehr komplexe Filterführung zu realisieren oder auch innovative Antwortformate einzusetzen, die offline keine Entsprechung haben.

3. Räumliche und zeitliche Unabhängigkeit

Ähnlich wie für internetbasiertes Lernen (E-Learning) gilt auch für Online-Erhebungen der Vorteil räumlicher und zeitlicher Flexibilität, und zwar für alle an der Evaluation Beteiligten: Evaluatoren können auch dann, wenn sie an verschiedenen Orten arbeiten und leben, gut kooperieren, sie müssen sich nicht am Ort oder in der Nähe des Evaluationsgegenstands befinden. Sie können jederzeit auf Zwischenergebnisse zugreifen und arbeitsteilig auswerten. Stakeholder können besser in den Evaluationsprozess einbezogen werden und sich ebenfalls – falls gewünscht – frühzeitig über Ergebnisse informieren. Insofern eignen sich Online-Erhebungen besonders gut für ortsübergreifende, nationale oder internationale Evaluationsprojekte.

4. Reduktion der Kosten

Zeitliche und räumliche Flexibilität schlagen sich in teilweise erheblich niedrigeren Kosten nieder. Größere Stichproben sind bei minimalem Kostenzuwachs möglich. Ferner besteht ein wesentlicher Vorteil von internetbasierten Erhebungsmethoden darin, dass der Zwischenschritt der Dateneingabe bzw. Datentranskription überflüssig wird. Auch damit geht eine erhebliche Reduktion der Kosten einher.

5. Audit Trail

Mit dem Begriff Audit Trail wird der Tatbestand bezeichnet, dass der komplette Prozess der Datenerhebung nachvollziehbar und bis ins Detail dokumentierbar ist. Es kann also elektronisch protokolliert werden, welche Daten zu welchem Zeitpunkt eingegangen sind (selbstverständlich ohne die Möglichkeit, auf die konkrete Person zurückzuschließen), wie viel Zeit für den Fragebogen insgesamt sowie für die einzelnen Seiten des Fragebogens benötigt wurden.

Die folgenden fünf Dimensionen beziehen sich auf den Mehrwert, der sich durch einen Mixed Methods-Ansatz erzielen lässt. In konventionellen Evaluationen spielen offene Fragen in schriftlichen Fragebögen nur eine untergeordnete Rolle, vor allem weil sie mit einem großen Auswertungsaufwand verbunden sind, der schon mit dem Entziffern von Handschriften beginnt. Faktisch werden die Antworten auf offene Fragen in Evaluationen leider nicht immer angemessen berücksichtigt. Antworten auf offene Fragen können aber einen beträchtlichen Mehrwert für die Evaluation besitzen:

6. Selbst formulierte Motive und Bewertungen

Anstelle des Ankreuzens von vorgegebenen Antwortalternativen formulieren die Befragten selbst ihre Antworten, sie schildern ihre Motive und nehmen Bewertungen in ihrer eigenen Sprache vor. Der gesamte Bereich der subjektiven Sichtweisen, der ganz persönlichen Meinungen, Einstellungen, Motive und Gefühle lässt sich so besser erfassen.

7. Erweiterte Fallinformation mit einem Mehrwert an Konsistenz und Authentizität

Im Gegensatz zur Variablenorientierung von quantitativen Methoden ermöglichen offene Fragen eine fallorientierte Vorgehensweise. Mehr oder weniger automatisch lesen die Evaluatoren und Evaluatorinnen die Antworten einer Person auf die verschiedenen Fragen im Kontext ihrer anderen Antworten und machen sich so ein Bild von der Person. Es besteht auch die Möglichkeit, Case Summarys zu erstellen, die eine ganzheitliche Darstellung der Person zum Ziel haben. Gegenüber dem bloßen Ankreuzen von Antwortalternativen entsteht für die Befragten ein Zwang zu konsistenter (Selbst-)Darstellung. Auch der Beantwortung standardisierter Fragen geht in der Regel ein Entscheidungsprozess voraus, bei dem das Für und Wider möglicher Antworten – durchaus auch unter Einbeziehung von Kosten-Nutzen-Gesichtspunkten – abgewogen wird (vgl. Diekmann 2008: 439ff.). Den angekreuzten Antworten, die später als Zahl in einer Datenmatrix landen, lassen sich solche Abwägungsprozesse nicht mehr ansehen. Demgegenüber verlangen offene Fragen, wie die in der vorliegenden Studie verwendete Anweisung »Beschreiben Sie bitte, wie Sie sich den Stoff der Veranstaltung erarbeiten«, dass ein Antworttext formuliert wird, dessen Aussagen sprachlichen Regeln der Verständlichkeit und Konsistenz gehorchen.

8. Kontext von Bewertungen überprüfbar
Der qualitative Befragungsteil ermöglicht es, den Kontext von Bewertungen zu überprüfen. Wenn etwa jemand den Lehrstoff als zu umfangreich einstuft und das Tempo der Lehrveranstaltung als zu hoch, dann lassen sich aus den offenen Fragen, in denen um die Schilderung des eigenen Lernaufwands, der Vorbereitung und des Besuchs von Veranstaltungen gebeten wurde, die Hintergründe und der persönliche Lernstil rekonstruieren. Auf diese Weise tritt der Bedeutungshorizont von bewertenden Aussagen klarer hervor.

9. Typenbildung, verständliche Handlungstypen
Auf der Basis einer kategorienbasierten Auswertung des qualitativen Materials lässt sich eine darauf aufbauende Typenbildung vornehmen, die es ermöglicht verständliche Handlungstypen zu identifizieren. Für Lehrevaluationen des hier vorgestellten Typs bietet sich bspw. die Möglichkeit unterschiedliche Teilnahmetypen zu identifizieren. Eine solche differenzierte Sichtweise stellt eine aussichtsreiche Alternative zur üblichen, auf den Mittelwert fixierten Herangehensweise dar, insbesondere wenn es im Rahmen formativer Evaluationen um Verbesserung von Programmen geht. Spezielle, auf Teilnahmetypen und Zielgruppen zugeschnittene Verbesserungen sind potenziell wesentlich wirksamer als undifferenzierte, auf die Gesamtheit der Teilnehmenden zielende.

10. Vermeiden von Fehlschlüssen und Missinterpretationen
Geschlossene Fragen werden von den Befragten automatisch auf die in ihnen enthaltene Normativität geprüft. Vorgegebene Antwortkategorien erzeugen einen Trend zur Mitte, d.h. man will sich nicht den extremen Kategorien zuordnen, sondern sich im Bereich des »Normalen« platzieren. Wenn bspw. in einer geschlossenen Frage nach der Vorbereitungszeit gefragt wird, die für eine Lehrveranstaltung aufgewandt wird und dabei Antwortkategorien vorgegeben werden (0 bis 10 Min.; 11 bis 20 Minuten etc.), so haben diese eine unausgesprochene normative Botschaft, die der Befragte zu entziffern sucht und in seinen Entscheidungsprozess für eine bestimmte Antwortalternative einbezieht (vgl. Diekmann 2008: 439ff.). Offene Fragen vermeiden diese Effekte zumindest ein Stück weit, dennoch spielen auch hier natürlich Effekte sozialer Erwünschtheit eine Rolle.

Methodische Bilanz 113

```
                    Schnelle Datenverfügbarkeit
                              ↑
    Kostenreduktion                    Räumliche Unabhängigkeit
              ↖                ↑                ↗
    Große Stichprobe  ←—  [ Online ]  →  Audit Trail
                              ↓
              [ Der Mehrwert von methodenintegrativen Online-Evaluationen ]
                              ↑
    Selbst formulierte Motive                Vermeiden von Fehlschlüssen
    und Bewertungen      ←—  [ Mixed Methods ]  →  und Missinterpretationen
                              ↓
         Kontext von Bewertungen        Typenbildung,
         überprüfbar                    verständliche Handlungstypen
                              ↓
    Erweiterte Fallinformationen mit einem Mehrwert an Konsistenz und Authentizität
```

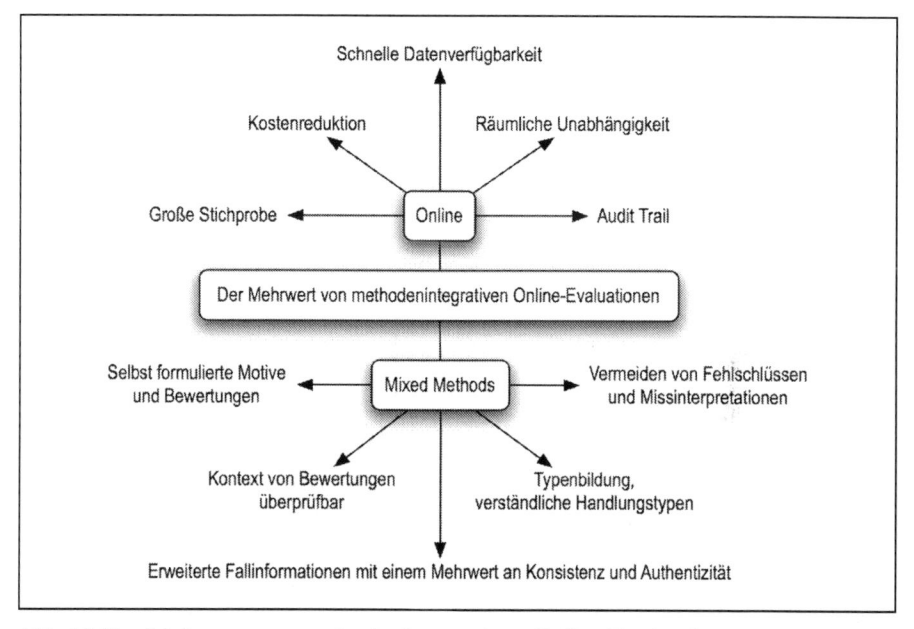

Abb. 16: Der Mehrwert von methodenintegrativen Online-Evaluationen

Über die genannten Punkte hinaus erweisen sich Online-Erhebungen als besonders vorteilhaft, wenn man die gleiche Evaluation – wie etwa in universitären Lehrevaluationen, Anfänger- oder Absolventenstudien – wiederholt durchführt. Bei den Follow-ups kann auf die gleichen Instrumentarien zurückgegriffen werden, also bspw. auf die gleichen Online-Fragebögen, Kategoriensysteme und inhaltsanalytischen Instrumente (Diktionäre etc.).

Kritische Aspekte

Für offene Fragen stellt sich traditionell die Problematik eines erhöhten Zeitbedarfs für die Auswertung. Dieser Mehraufwand lässt sich mit einem QDA-Programm signifikant reduzieren und die Auswertung lässt sich in vertretbarer Zeit durchführen, vorausgesetzt man verzichtet darauf, alle offenen Fragen ausführlichst und extensiv interpretativ auszuwerten. Hier sind alle möglichen Formen von Abkürzungsstrategien denkbar. Noch wenig geklärt ist die Frage, inwieweit die online gewonnenen Daten mit solchen vergleichbar sind, die mit Hilfe traditioneller face-to-face Befragung gewonnen werden. Wir haben die Daten der Online-Erhebungen mit denen der qualitativen Erhebung des Vorjahrs verglichen und festgestellt, dass deutlich weniger persönliche Tiefe erzielt wird. Offenbar ist der im Vergleich zu face-to-face Erhebungen geringere kommunikative Charakter von Online-Erhebung für Narrationen nicht förderlich. Dies mag bei manchen Fragen ohne Konsequenzen sein, z.B. bei der Frage, welche Verbesserungsvorschläge man hinsichtlich der evaluierten Lehrveranstaltung hat, denn hier sind ja primär Fakten gefragt. Bei anderen Fragen aber, wie etwa der nach den persönlichen Gefühlen in Bezug auf den Evaluationsgegenstand, fällt auf, dass nicht »von selbst« Gefühle geäußert werden. Ohne eine Interaktion mit einem Gegenüber wird dies eher vermieden, Gefühle werden offenkundig leichter verbal geäußert als in eine Maschine eingetippt.

Die in diesem Buch vorgetragenen Erfahrungen zeigen, dass die Probanden die Möglichkeit, die eigene Meinung frei zu formulieren, sehr rege nutzen. Natürlich kann man die Bereitschaft hierzu nicht bei allen denkbaren Gruppen von Befragten voraussetzen. Studierende stellen gewiss von ihrer sprachlichen Ausdruckfähigkeit her eine optimal geeignete Gruppe dar.

Wir hatten mit über 75% eine sehr zufriedenstellende Teilnahmequote, allerdings sind die vorliegenden Forschungsergebnisse in diesem Punkt nicht eindeutig: offenkundig spielt die Affinität der Probanden zum Computer bzw. Internet eine nicht unerhebliche Rolle. In der Evaluation universitärer Lehre wird bislang sehr häufig das Verfahren der schriftlichen Gruppenbefragung praktiziert, d.h. die Evaluationsbögen werden in der Lehrveranstaltung ausgeteilt, an Ort und Stelle ausgefüllt und vom Dozenten – in einem verschlossenen Umschlag – gleich wieder mitgenommen. Mit einem solchen Verfahren lässt sich eine fast 100%ige Rücklaufquote erreichen, allerdings bleibt im Unklaren, wie groß die Zahl der eigentlich nicht antwortbereiten Personen ist und welchen Einfluss die so hergestellte Situation eines Gruppenzwangs bei dieser Personengruppe auf das Ausfüllen des Fragebogens hat. Bisherige Studien zeigen, dass im Fall der universitären Lehrevaluation die Rücklaufquoten von Online-Befragungen zufriedenstellend hoch sind und man anders als bei der schriftlichen Gruppenbefragung nun auch sicher sein kann, dass nur diejenigen antworten, die auch wirklich antworten wollen. Die Bilanz ist in diesem Bereich insgesamt eher positiv, jedenfalls dann, wenn die Befragten routinemäßig mit dem Computer arbeiten. Fraglich erscheint noch, wie und unter welchen Bedingungen sich in anderen Bereichen von Fort- und Weiterbildungen solch hohe Rücklaufquoten erreichen lassen. Beispielsweise ist man bei Fortbildungen schon lange daran gewöhnt, zum Abschluss einen Evaluationsbogen auszufüllen und es fragt sich, ob die Teilnehmenden später, wenn sie bereits wieder zu Hause oder am Arbeitsplatz sind, noch Lust dazu haben, einen Evaluationsbogen zu beantworten.

Bilanz

Ob Online-Erhebungen im Rahmen einer Evaluation sinnvoll sind, hängt entscheidend von den Zielen der Evaluation und den einbezogenen Stakeholdern ab: Haben diese einen leichten Zugang zu Computern und besteht bei allen eine möglichst gleiche Affinität zur Computernutzung? Von großer Bedeutung ist ferner, ob man die Meinungen und Urteile von möglichst vielen Stakeholdern hören will, oder ob eine kleine Auswahl ausreicht. In Bezug auf die Frage »Standardisierte Vollerhebung oder qualitative Evaluation?« steht man nahezu zwangsläufig vor der Frage »Breite oder Tiefe?«, also größere Abdeckung des Spektrums mit einer großen Probandenzahl versus größere Tiefe und größeres Verständnis der Motive und subjektiven Sichtweisen mit Hilfe einer qualitativen Erhebung. Online-Erhebungen eröffnen hier einen effektiven Mittelweg und erlauben methodenintegrative Erhebungen mit relativ vielen Probanden.

Die Spezifikation *Online*-Evaluation bezieht sich im Prinzip nicht nur auf die in diesem Buch dargestellte Online-Erhebung. Weitgehend unbemerkt hat sich die Nutzung des Internets bereits in viele Phasen einer Evaluation klammheimlich eingeschlichen. E-Mail-Korrespondenz zwischen Auftraggeber und Auftragnehmer und internetbasierte Kommunikation des Evaluatorenteams untereinander erscheinen einem heute völlig selbstverständlich zu sein. Zukünftig bieten Online-Techniken über die in diesem Band thematisierten Mixed Methods-Datenerhebungen hinaus vielfältige Möglichkeiten: Es lassen sich bspw. auch andere, bei Evaluationen noch wenig gebräuchliche Erhebungsverfahren integrieren. So stellen Online-Gruppendiskussionen eine Methode dar, die noch ein erhebliches Potenzial für Evaluationen birgt. Ferner lassen sich Prozesse des Feedbacks und der kommunikativen Validierung vermutlich mit Online-Techniken einfacher und schneller durchführen. Auch temporär für den Evaluationszeitraum eingerichtete Foren und Chats können interessante Ergänzung der üblichen Evaluationsmethodik darstellen. Je stärker sich das Internet durchsetzt, je größer der Ausstattungsgrad von Individuen, öffentlichen Institutionen und privaten Firmen ist, desto interessanter dürften Online-Evaluationen und neu hierfür entwickelte Methoden werden.

12. Ressourcen für die Online-Befragung im Rahmen von Evaluation

Checkliste für die Umsetzung einer Evaluation mit einer Mixed Methods Online-Befragung

Planung einer Evaluation mit Online-Befragung
- ❏ Legen Sie den Gegenstand der Evaluation fest und beschreiben Sie ihn: Was kennzeichnet ihn, wie ist er aufgebaut, was soll durch ihn erreicht werden?
- ❏ Vergegenwärtigen Sie sich alle Beteiligten und Betroffenen und überlegen Sie wer welche Interessen bezüglich der Evaluation verfolgt und wer in welcher Weise mit einbezogen werden sollte.
- ❏ Beschreiben Sie, welchen Zwecken die Evaluation folgt: Optimierung, Entscheidungsfindung, Legitimierung, Erkenntnisgenerierung oder einem Mix aus diesen Zwecken?
- ❏ Halten Sie die Kriterien fest, an denen Sie später den Evaluationsgegenstand messen und bewerten können.
- ❏ Legen Sie konkrete Fragestellungen fest, die mit der Evaluation beantwortet werden müssen. Welche Bereiche, Ziele, Beteiligten sind besonders wichtig?
- ❏ Entscheiden und dokumentieren Sie, welche Methoden zum Einsatz kommen und wann diese eingesetzt werden. Welche Fragestellungen lassen sich mit einer Online-Befragung beantworten? Wann ist der optimale Zeitpunkt für eine Online-Befragung? Wählen Sie eine geeignete Software aus. Berücksichtigen Sie bei Ihrer Entscheidung die auf S. 27ff. vorgestellten Kriterien.

Inhaltliche Entwicklung des Erhebungsinstruments
- ❏ Berücksichtigen Sie beim Erstellen offener und geschlossener Fragen die Hinweise auf S. 33ff.
- ❏ Achten Sie auf eine angemessene Dramaturgie des Fragebogens. Beginnen Sie mit einer Aufwärmfrage, leiten Sie mit einem inhaltlichen Einstieg in den Hauptteil über und fragen Sie am Ende die sozialstatistischen Daten ab.

- Gestalten Sie Ihre Befragung nicht zu lang, sie sollte in der Regel 15 Minuten nicht wesentlich überschreiten. Eine realistische Fortschrittsanzeige erhöht den Durchhaltewillen der Probanden.

Online-Umsetzung des Fragebogens
- Setzen Sie Ihr Erhebungsinstrument Frage für Frage in das jeweils entsprechende Online Pendant um. Nutzen Sie Radiobuttons für Fragen mit einer »Ankreuzmöglichkeit«. Nutzen Sie Checkboxes für Fragen, in denen Mehrfachantworten möglich sind. Nutzen Sie Freitextfelder für offene Fragen.

- Setzen Sie Filtertechniken ein, um Befragten nur die Fragen zu präsentieren, die für sie relevant sind.

- Verwenden Sie Pflichtfelder für Fragen, ohne deren Antwort der Fragebogen nutzlos wäre. Zum Beispiel bei wiederholten Befragungen der gleichen Gruppe die eindeutige Kennung einer Person.

- Präsentieren Sie kurze Fragebögen komplett auf einer Seite, bei längeren Bögen sollten Sie jedes eigenständige Thema auf einer neuen Seite anzeigen lassen. Sie können auch jede Frage auf einer neuen Seite beginnen lassen, z.B., wenn die Probanden keinen Blick auf die noch kommenden Fragen werfen sollen.

- Wählen Sie für den Fragebogen ein zielgruppenadäquates Layout aus. Passen Sie das Layout ggf. Ihrem Corporate Design an.

- Testen Sie den Fragebogen. Überprüfen Sie vor allem Verständlichkeit, Antwortmöglichkeiten, Reihenfolge der Fragen sowie korrekte Darstellung, einwandfreies Funktionieren der anklickbaren Elemente, Datenübermittlung und Abspeicherung *aller* Antworten, Probandenverwaltung und schließlich den Datenexport. Wenn möglich, sollten Sie einige der zu Befragenden vorab bitten, den Fragenbogen testweise auszufüllen.

Stichprobenauswahl und Durchführung der Erhebung
- Entscheiden Sie sich für eine dem Nutzen angemessene Stichprobengröße und -zusammensetzung.

- Aktivieren Sie die Umfrage, d.h., geben Sie die Umfrage für die Beantwortung frei. Geben Sie ggf. ein Datum an, zu dem die Umfrage automatisch beendet wird, also nicht mehr ausgefüllt werden kann.

- Informieren Sie die zu Befragenden per E-Mail und/oder per Aushang über die Online-Befragung. Weisen Sie dabei auf Anonymität, Auftraggeber und Zweck der Evaluation sowie auf die Dauer der Befragung hin. Besonders wichtig ist, dass den potenziellen Teilnehmenden der Sinn der Umfrage deutlich wird. Geben Sie eine Ansprechperson an, die für Rückfragen zur Verfügung steht.

❏ Erstellen Sie regelmäßige Sicherungskopien der gesammelten Daten, z.B. indem Sie die bereits vorhandenen Antwortdatensätze exportieren.

❏ Schicken Sie max. zwei Erinnerungsmails, um die Rücklaufquote zu erhöhen.

❏ Während der Erhebungsphase sollten Sie regelmäßig kontrollieren, ob der Fragebogen erreichbar ist, ob Probleme per E-Mail benannt werden und wie viele Personen den Bogen bereits ausgefüllt haben.

Datenaufbereitung für die Analyse

❏ Exportieren Sie die Antworten der Befragten in ein gängiges Austauschformat, z.B. in eine Komma separierte Datei mit der Endung .csv oder in eine Textdatei mit der Endung .txt. Wenn möglich, sollten Sie zwei Dateien exportieren. Eine enthält die Antwortcodes für die quantitativen Analysen (»1« anstelle von »sehr viel«), eine enthält die Antwortkategorien für die qualitativen Analysen (»sehr viel« anstelle von »1«).

❏ Kontrollieren und bereinigen Sie die Daten, indem Sie leere oder unvollständig ausgefüllte und deshalb für die Analyse unbrauchbare Antwortdatensätze löschen und die Eingaben auf Plausibilität überprüfen und korrigieren (z.B. das Geburtsjahr 1886 in 1986). Für diesen Vorgang müssen Sie die Daten entweder online betrachten und editieren oder in ein Programm wie Excel einlesen.

❏ Anonymisieren Sie die Daten, indem Sie Orte, Personen etc. durch Buchstaben oder Fantasienamen ersetzen.

❏ Importieren Sie nun die Daten in die von Ihnen verwendete Analysesoftware. Für quantitative Daten bieten sich bspw. Excel, SPSS und SYSTAT an, für qualitative Analysen die Programme MAXQDA, ATLAS.ti und NVivo. Falls Sie MAXQDA nutzen, sollten Sie die Antworten der Befragten in einer Tabelle anlegen, in der die offenen Fragen als Spaltenüberschrift stehen und die Antworten der Teilnehmenden zeilenweise angeordnet sind. Dann können Sie die Daten als »strukturierten Text« einlesen. Sie sollten in die Software zur qualitativen Analyse auch die quantitativen Daten als Fallvariablen einlesen.

Datenexploration: fallorientiert und fallübergreifend

❏ Wählen Sie zufallsgesteuert fünf bis zehn Prozent der Fälle für eine qualitative Datenerkundung aus.

- ❏ Wählen Sie maximal sieben interessante Merkmale aus den quantitativen Informationen aus, die Sie in die Datenerkundung einbeziehen können, z.B. das Geschlecht und das Alter der jeweiligen Person.
- ❏ Erstellen Sie für jeden ausgewählten Fall ein Case Summary. Dafür fassen Sie wichtige Antworten einer Person hinsichtlich der Evaluationszwecke und Fragestellungen zusammen und ergänzen diese um einen aussagekräftigen Titel und wichtige (quantitative) Merkmale der Person.
- ❏ Bei Bedarf können Sie zu einzelnen Begriffen Wortlisten mit Hilfe des automatischen Codierens in MAXQDA erstellen lassen. Diesen Listen können Sie entnehmen, wie häufig und in welchem Kontext ein Begriff auftaucht.
- ❏ Versuchen Sie Hypothesen und Ideen für die weitere Auswertung zu entwickeln. Was fällt Ihnen allgemein auf? Welche wiederkehrenden Muster lassen sich erkennen? Welche Zusammenhänge vermuten Sie?
- ❏ Erstellen Sie eine Häufigkeitsauswertung der quantitativen Daten, welche die absoluten und relativen Häufigkeiten in Tabellenform darstellt. Am besten eignen sich hierfür Statistikprogramme wie SPSS oder SYSTAT, weniger geeignet, weil deutlich aufwändiger, sind Tabellenkalkulationsprogramme wie Excel.
- ❏ Ergänzen Sie die Häufigkeitsauswertung bei geeigneten Daten auch um die Mittelwerte. Sortieren Sie mehrere Items nach ihrem Mittelwert, um z.B. auf einen Blick zu sehen, welche Items mehr und welche weniger Zustimmung erfahren.

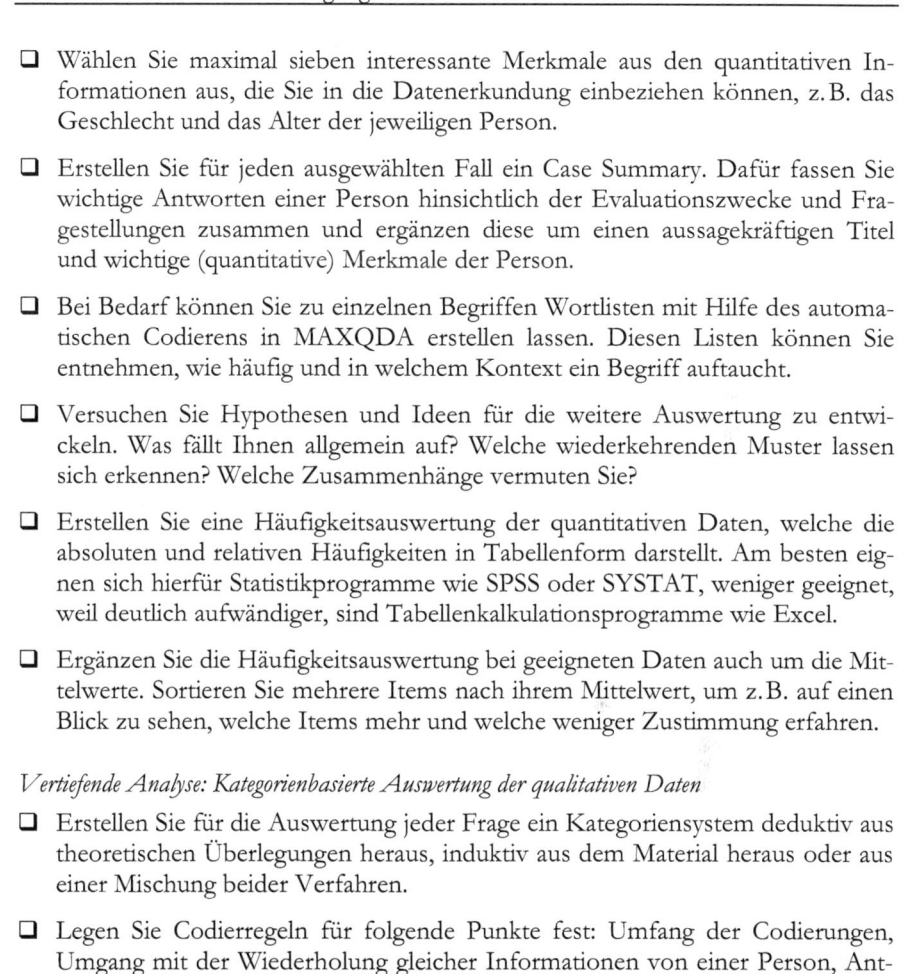

Vertiefende Analyse: Kategorienbasierte Auswertung der qualitativen Daten

- ❏ Erstellen Sie für die Auswertung jeder Frage ein Kategoriensystem deduktiv aus theoretischen Überlegungen heraus, induktiv aus dem Material heraus oder aus einer Mischung beider Verfahren.
- ❏ Legen Sie Codierregeln für folgende Punkte fest: Umfang der Codierungen, Umgang mit der Wiederholung gleicher Informationen von einer Person, Antworten, die nicht zu einer Frage passen (aber zu einer anderen), Behandlung von fehlenden Werten.
- ❏ Codieren Sie nun die Antworttexte. Am besten gehen Sie dabei so vor, dass Sie Frage für Frage analysieren. Wenn möglich sollten Sie bei diesem Schritt die vorhandenen Teamwork-Funktionen der eingesetzten Software nutzen.
- ❏ Oft ist auch das automatische Codieren wichtiger Begriffe hilfreich, wenn Sie die möglichen Stolperfallen (unterschiedliche Kontexte, in denen das Wort verwendet wird, oder falsche Schreibweisen etc.) im Hinterkopf behalten.

❑ Verfassen Sie zu jeder fertig codierten Frage einen Ergebnisbericht. Dabei sollten immer die Zwecke der Evaluation berücksichtigt werden, um wichtige Informationen von Nebensächlichkeiten trennen zu können. Um in diesen Auswertungstexten Zusammenhänge und Mehrheitsmeinungen sowie wichtige Ansichten, Einschätzungen und Bewertungen aufzeigen zu können, sollten Sie Codehäufigkeiten berichten und Aussagen mit Zitaten veranschaulichen.

Zusammenhangsanalysen: Von der Kreuztabelle zu Mixed Methods

❑ Kombinieren Sie Ihre erhobenen unterschiedlichen Datentypen. Möglich sind: quantitativ-quantitativ, qualitativ-qualitativ oder qualitativ-quantitativ.

❑ Errechnen Sie Zusammenhänge zwischen Variablen des Typs »quantitativ«. Zum Einsatz kommen dabei Chi-Quadrat-Tests, Varianzanalysen etc.

❑ Kombinieren Sie die qualitativen Daten, indem Sie Kontrastierungen, Ähnlichkeiten und Divergenzen herausarbeiten.

❑ Kombinieren Sie qualitative und quantitative Daten, um bei interessanten Textstellen die betreffende Person genauer anzuschauen, oder um Gruppierungen der Probanden und daran anschließend Untersuchungen von Unterschieden in der Verteilung der Antworten vorzunehmen.

Der Evaluationsbericht: Erstellung und Kommunikation

❑ Erstellen Sie einen Evaluationsbericht. Beachten Sie dabei, wann der Bericht vorliegen muss, was das Ziel des Berichts ist (z.B. Legitimation oder Informationsaufbereitung für Entscheidungsträger), für wen Sie den Bericht schreiben und welche inhaltlichen Schwerpunkte sich daraus ergeben.

❑ Beachten Sie die Hinweise zum Einsatz von Grafiken und Tabellen (S. 102f.).

❑ Spiegeln Sie Ihre Ergebnisse zurück. Die Beteiligten und Betroffenen sollen dazu ermuntert werden, sie zu nutzen. Dies kann unter anderem über das Einholen schriftlicher Stellungnahmen oder Feedbackworkshops geschehen.

Ausgewählte und kommentierte Literatur

Im Folgenden haben wir aus unserer Sicht wichtige Literatur zum Thema Online-Befragungen im Rahmen von Evaluation zusammengestellt und kommentiert.

The Sage Handbook of Internet and Online Research Methods herausgegeben von Nigel G. Fielding, Raymond M. Lee und Grant Blank. Thousand Oaks u. a.: Sage, 2008
Das Handbuch vereint Artikel zu allen Aspekten der Online-Forschung. Thematisiert werden unter anderem die Bedeutung des Internets als Forschungsmedium, Online-Forschungsdesign, Online-Befragungen, virtuelle Ethnographie und das Internet als Datenquelle.

The Use of Online Surveys in Evaluation von Lois A. Ritter und Valerie M. Sue, New Directions for Evaluation, No. 115. San Francisco: Jossey Bass, 2007
Auf knapp 70 Seiten führt das Buch in die relevanten Grundlagen von Online-Surveys im Rahmen von Evaluation ein. Es stellt damit einen sehr guten ersten Anlaufpunkt dar. Anhand zweier Fallbeispiele wird die praktische Umsetzung illustriert. Herausgeber des Buchs ist die American Evaluation Association (AEA).

Online-Research. Markt- und Sozialforschung mit dem Internet von Martin Welker, Andreas Werner, Joachim Scholz, Heidelberg: dpunkt.verlag, 2005
Das Buch informiert über alle gängigen Erhebungsmethoden im Internet, z. B. Online-Befragungen, Online-Gruppendiskussionen, Online-Delphi und die Analyse von Online-Inhalten. Es finden sich Informationen zur Anwendung in der Praxis, und andere zahlreiche Hinweise zur praktischen Umsetzung von Online-Befragungen.

Online-Erhebungen. 5. Wissenschaftliche Tagung herausgegeben vom Informationszentrum Sozialwissenschaften, Sozialwissenschaftliche Tagungsberichte Band 7, Bonn, 2003
Der Tagungsband vereint Beiträge zu Grundlagen und verschiedenen Aspekten von Online-Erhebungen. Das Spektrum erstreckt sich von Fragen der Stichprobenwahl über Qualitätsstandards bis hin zu Methoden jenseits der Befragung.

Online-Marktforschung. Theoretische Grundlagen und praktische Erfahrungen von Axel Theobald, Marcus Dreyer und Thomas Starsetzki, Wiesbaden: Gabler, 2. Aufl., 2003
Aus dem Blickwinkel der Marktforschung thematisiert der Sammelband unter anderem Fragen zu Stichproben- und Datenqualität, Incentives und Rücklaufquoten.

Online-Research. Methoden, Anwendungen und Ergebnisse herausgegeben von Bernad Batinic, Andreas Werner, Lorenz Gräf und Wolfgang Bandilla. Göttingen u. a.: Hogrefe, 1999
Der bereits etwas ältere, aber fundierte Sammelband stellt die Möglichkeiten, aber auch die Grenzen der Online-Methodik beim Einsatz in der Forschung und bei der Lösung anwendungsrelevanter Fragestellungen dar. Es finden sich unter anderem Hinweise zu Anonymität, Pretest, aber auch zur Datenerhebung in Mailing-Listen.

The Sage Handbook of Evaluation herausgegeben von Ian F. Shaw, Jennifer C. Greene, Melvin M. Mark, Thousand Oaks u. a.: Sage, 2006
Der englischsprachige Sammelband präsentiert auf 600 Seiten grundlegende Informationen zur Evaluation in insgesamt 25 Kapiteln. Das Themenspektrum reicht von der gesellschaftlichen Bedeutung der Evaluation über die soziale Dimension von Evaluationen bis hin zur praktischen Anwendung.

Standards für Evaluation von der Deutschen Gesellschaft für Evaluation, Köln, 2002, URL: http://www.degeval.de/calimero/tools/proxy.php?id=227
Die Standards der bedeutendsten Fachgesellschaft in Deutschland sollen der Sicherung und Entwicklung der Qualität von Evaluationen dienen. Die 50-seitige Broschüre enthält zu allen 25 Standards aus den Bereichen Nützlichkeit, Durchführbarkeit, Fairness und Genauigkeit detaillierte Erläuterungen.

Qualitative Evaluationsforschung. Konzepte, Methoden, Umsetzungen herausgegeben von Uwe Flick, Reinbek bei Hamburg: Rowohlt, 2006
Interdisziplinäre Aufsatzsammlung, die sich mit der Verwendung qualitativer Methoden in der Evaluationsforschung befasst. Der Bogen spannt sich von der Beleuchtung gesellschaftlicher Relevanz über ausgewählte qualitative Methoden in ihren spezifischen Anwendungsfeldern bis hin zu Fragen der Qualität.

Handbuch zur Evaluation. Eine praktische Handlungsanleitung herausgegeben von Reinhard Stockmann, Münster: Waxmann, 2006
Das Buch vermittelt grundlegende Kenntnisse für die Planung, Durchführung und Anwendung von Evaluationen. Es greift auf die Konzepte und Unterlagen zahlreicher Kurse zur Evaluation zurück.

Lehrbuch Evaluation von Heinrich Wottawa und Heike Thierau, Bern: Huber, 2003
Grundlagenwerk zu den Möglichkeiten und Grenzen sozialwissenschaftlich gestützter Evaluation. Der gesamte Evaluationsprozess wird aus theoretischer Perspektive detailliert beleuchtet.

Evaluation Schritt für Schritt: Planung von Evaluationen von Wolfgang Beywl, Jochen Kehr, Susanne Mäder und Melanie Niestroj, Heidelberg: hiba-Weiterbildung Band 20/26, 2007
Praxisorientierte Schritt-für-Schritt-Anleitung für die systematische Planung und Durchführung von Evaluationen. Besonderer Wert wird auf die nutzenorientierte Funktion von Evaluation gelegt.

Zielgeführte Evaluation von Programmen. Ein Leitfaden von Wolfgang Beywl und Ellen Schepp-Winter, Berlin: Bundesministerium für Familie, Senioren, Frauen und Jugend, 2000 URL: http://www.qs-kompendium.de/pdf/Qs29.pdf
Hilfreiche Arbeitshilfe für die Evaluationspraxis, die sich in erster Linie an Einsteiger richtet. Der Leitfaden bietet Anleitung und Unterstützung für den gesamten Evaluationsprozess von der Planung über die Erhebung bis hin zur Bewertung und Erstellung eines Evaluationsberichts.

Wie werden Evaluationsprojekte erfolgreich? von Lars Balzer, Landau: Verlag Empirische Pädagogik, 2005
In dieser Dissertation wird ein integrierter Evaluationsansatz entwickelt. Ziel ist die Unterstützung bei der Planung, Durchführung und Bewertung eines erfolgreichen Evaluationsprojektes, wobei keine To-Do-Anleitungen gegeben werden, sondern ein theoretischer Rahmen entworfen wird.

Ausgewählte Internet-Ressourcen

Online-Forschung

www.dgof.de Die Deutsche Gesellschaft für Online-Forschung (DGOF) vertritt die Interessen der Online-Forscher im deutschen Sprachraum. Ziel ist unter anderem die Diskussion und Weiterentwicklung der Methoden zur Erhebung von Daten mit Hilfe des Internets. Unter anderem gibt die DGOF eine einschlägige Schriftenreihe heraus.

www.online-forschung.de Bei den Betreibern der bekanntesten deutschsprachigen Diskussionsliste »gir-l« (s. u.) findet man auch eine umfassende Linksammlung, Buchvorstellungen, ein Wiki und ein Blog sowie Artikel zum Thema Online-Forschung.

www.adm-ev.de Der Arbeitskreis Deutscher Markt- und Sozialforschungsinstitute e.V. (ADM) publiziert auf seiner Webseite Standards zur Qualitätssicherung für Online-Befragungen als PDF-Datei und als Online-Version.

www.websm.org Das englischsprachige Projekt WebSurveyMethodology stellt Informationen zur Methodologie der Online-Forschung in Form einer umfassenden Bibliographie mit verschiedenen Sortieroptionen bereit und bietet darüber hinaus unterschiedliche Möglichkeiten des Informationsaustausches, bspw. per Mailing-Liste.

www.bvm.org Die Arbeitsgruppe NEON im Berufsverband Deutscher Markt- und Sozialforscher e.V. (BVM) fördert den Meinungsaustausch über die Möglichkeiten der Online-Forschung und die Bedürfnisse der Marktteilnehmer. Auf der Webseite des BVM sind zahlreiche Richtlinien, Standards und Checklisten erhältlich. In einem Online-Nachschlagewerk sind weitere wertvolle Informationen abrufbar.

Evaluation

www.degeval.de Die DeGEval – Gesellschaft für Evaluation e.V. trägt als gemeinnütziger Zusammenschluss von Institutionen und Personen zur Professionalisierung und zum Informationsaustausch rund um Evaluation in Deutschland und Österreich bei. Auf der Webseite sind die Standards für Evaluation und weitere Materialien verfügbar.

www.evaluieren.de Hier finden sich Informationen rund um die Evaluation im Bereich digitaler Medien. Die Seite bietet einen Überblick über die Evaluationsmethoden sowie über vorhandene Kriterienkataloge, Praxisberichte und -beispiele.

www.evaluation.lars-balzer.name Dieses überwiegend englischsprachige Portal bietet Informationen und Links zum Thema Evaluation. Unter anderem gibt es Informationen rund um die Evaluationsliteratur und einen Kalender mit Kongressen, Workshops etc. Integriert ist auch eine Übersicht zu Online-Surveys.

www.europeanevaluation.org Das Ziel der European Evaluation Society besteht darin, Theorie, Praxis und Nutzung hochqualitativer Evaluation insbesondere innerhalb Europas zu fördern.

www.ceval.de Das Centrum für Evaluation (CEval) ist an der Universität des Saarlandes angesiedelt. Es leistet einen Beitrag zur konzeptionellen und methodischen Weiterentwicklung der Evaluationsforschung. CEval bietet einen Masterstudiengang in Evaluation an und auf der Homepage sind viele Arbeitspapiere verfügbar.

www.zem.uni-bonn.de Das Zentrum für Evaluation und Methoden der Universität Bonn organisiert unter anderem einen berufsbegleitenden, weiterbildenden Masterstudiengang Evaluation.

www.univation.org Univation Institut für Evaluation Dr. Beywl & Associates GmbH ist auf die Durchführung von Evaluationen, Evaluationsforschung und Training im Bereich der Evaluation spezialisiert.

Deutschsprachige Zeitschrift

www.zfev.de Die halbjährlich erscheinende Zeitschrift für Evaluation behandelt theoretische, methodische und konzeptionelle Fragen, stellt Anwendungsbeispiele vor und diskutiert Fragen der Qualitätssicherung von Evaluation.

Linksammlungen/Softwaretools

www.gesis.org/Methodenberatung/Datenerhebung/Online/software.htm Das Zentrum für Umfragen und Methoden (ZUMA) bietet Übersichts- und Linklisten zu gängiger Software für Online-Befragungen und Links zu Kriterienkatalogen und Softwarebesprechungen.

dmoz.org/World/Deutsch/Wissenschaft/Sozialwissenschaften/Evaluation Hierbei handelt es sich um eine kommentierte Linkliste deutschsprachiger Internetauftritte zur Evaluation.

wiki.pruefung.net/Wiki/Evaluation Eine Bibliographie frei verfügbarer Online-Literatur zum Themenbereich Evaluation, die auf einem Wiki-Web basiert, zu dem jeder neue Einträge beisteuern kann.

wiki.pruefung.net/Wiki/OnlineForschung Eine Bibliographie zu Methoden und Standards der Online-Forschung sind etwas veraltet, aber als Einstieg nutzbar.

Deutschsprachige Diskussionslisten

www.uni-koeln.de/ew-fak/Wiso/mailing Unter dem Namen forum-evaluation stellt die Arbeitsstelle für Evaluation pädagogischer Dienstleistungen an der Erziehungswissenschaftlichen Fakultät der Universität zu Köln zur Förderung des Informationsaustausches unter Interessierten seit März 1997 ein elektronisches Diskussionsforum zur Evaluation bereit.

www.online-forschung.de/gir-l/home.html Die German Internet Research List (gir-l) bildet ein Diskussionsforum für alle Interessierten an Sozial-, Kommunikations- und Marktforschungsfragen rund um das Internet. Sie richtet sich an Wissenschaftler, Studierende und Praktiker. Auf der Homepage ist ein Archiv älterer Beiträge verfügbar.

Literatur

ADM (1999): Arbeitskreis Deutscher Markt- und Sozialforschungsinstitute e.V. Standards zur Qualitätssicherung in der Markt- und Sozialforschung. Online: http://www.adm-ev.de/pdf/QUALI.PDF [2008-03-20]

ADM (2001): Arbeitskreis Deutscher Markt- und Sozialforschungsinstitute e.V. Standards zur Qualitätssicherung für Online-Befragungen. Online: http://www.adm-ev.de/pdf/Onlinestandards_D.PDF [2008-03-20]

Balzer, Lars (2005): Wie werden Evaluationsprojekte erfolgreich? Ein integrierender theoretischer Ansatz und eine empirische Studie zum Evaluationsprozess. Landau: Verl. Empirische Pädagogik

Batinic, Bernad; Gnambs, Timo (2007): Qualitative Online-Forschung. In: Naderer, Gabriele; Balzer, Eva (Hrsg.): Qualitative Marktforschung in Theorie und Praxis. Grundlagen, Methoden und Anwendungen. Wiesbaden: Gabler, S. 343-362

Batinic, Bernad; Werner, Andreas; Gräf, Lorenz; Bandilla, Wolfgang (1999, Hrsg.): Online-Research. Methoden, Anwendungen und Ergebnisse. Göttingen u.a.: Hogrefe

Beywl, Wolfgang; Kehr, Jochen; Mäder, Susanne; Niestroj, Melanie (2007): Evaluation Schritt für Schritt: Planung von Evaluationen. Heidelberg: hiba

Beywl, Wolfgang; Schepp-Winter, Ellen (2000): Zielgeführte Evaluation von Programmen. Ein Leitfaden. Berlin: Bundesministerium für Familie, Senioren, Frauen und Jugend. Online: http://www.qs-kompendium.de/pdf/Qs29.pdf [2008-03-20]

Bortz, Jürgen (2005): Statistik für Human- und Sozialwissenschaftler. 6. Aufl., Berlin: Springer

Brandt, Tasso (2007): Sozialer Kontext der Evaluation. In: Stockmann, Reinhard (Hrsg.): Handbuch zur Evaluation. Eine praktische Handlungsanleitung. Münster u.a.: Waxmann, S. 164-194

Converse, Patrick D.; Wolfe, Edward W.; Huang, Xiaoting; Oswald, Frederick L. (2008): Response Rates for Mixed-Mode Surveys Using Mail and E-mail/Web. In: American Journal of Evaluation, 29 (1), S. 99-107

Creswell, John W. (2003): Research Design. Qualitative, Quantitative, and mixed Methods Approaches. Thousand Oaks u.a.: Sage

DeGEval (2002): Deutsche Gesellschaft für Evaluation. Standards für Evaluation. Köln: Online: http://www.degeval.de/calimero/tools/proxy.php?id=70 [2008-03-20]

Denzin, Norman K. (1978): The Research Act: A Theoretical Introduction to Sociological Methods. 2. Aufl., New York: McGraw Hill

Diekmann, Andreas (2008): Empirische Sozialforschung. Grundlagen, Methoden, Anwendungen. Vollst. überarb. und erw. Neuausg., 18. Aufl., Reinbek bei Hamburg: Rowohlt

Erzberger, Christian; Prein, Gerald (1997): Triangulation: Validity and Empirically-based Hypothesis Construction. In: Quality and Quantity, 31 (2), S. 141-154

Literatur

Fielding, Nigel G.; Lee, Raymond M.; Blank, Grant (2008, Hrsg.): The Sage Handbook of Internet and Online Research Methods. Thousand Oaks u. a.: Sage

Fischer, Melanie (2005): Möglichkeiten sozialwissenschaftlicher Surveys im Internet. Stand und Folgerungen für Online-Befragungen. Hefte zur Bildungs- und Hochschulforschung 46. Konstanz: Online: http://www.uni-konstanz.de/ag-hochschulforschung/ publikationen/PublikatBerichte/Heft46_OnlineBefragung.pdf [2008-04-01]

Flick, Uwe (2006): Qualitative Evaluationsforschung. Konzepte, Methoden, Umsetzung. Reinbek bei Hamburg: Rowohlt

Flick, Uwe (2007a): Qualitative Sozialforschung. Eine Einführung. Vollst. überarb. und erw. Neuausg., Reinbek bei Hamburg: Rowohlt

Flick, Uwe (2007b): Triangulation. Eine Einführung. Wiesbaden: VS-Verlag

Glaser, Barney G.; Strauss, Anselm L. (1998): Grounded Theory. Strategien qualitativer Forschung. 2., korr. Aufl., Bern: Huber

Göritz, Anja S. (2006): Incentives in Web Studies: Methodological Issues and a Review. In: International Journal of Internet Science, 1 (1), S. 58-70

Informationszentrum Sozialwissenschaften (2003, Hrsg.): Online-Erhebungen. 5. Wissenschaftliche Tagung. Sozialwissenschaftliche Tagungsberichte. Band 7. Bonn

Jahoda, Maria; Lazarsfeld, Paul F.; Zeisel, Hans (1960): Die Arbeitslosen von Marienthal [1. Aufl., 1933]. Allensbach: Verlag für Demoskopie

Kaczmirek, Lars (2004): Choosing survey software. How to decide and what to consider. Online: http://www.websm.org/ploadi/editor/kaczmirek2004-choosing-survey-software.pdf [2008-03-20]

Kelle, Udo (2006): Qualitative Evaluationsforschung und das Kausalitätsparadigma. In: Flick, Uwe (Hrsg.): Qualitative Evaluationsforschung. Konzepte, Methoden, Umsetzung. Reinbek bei Hamburg: Rowohlt, S. 117-134

Kelle, Udo (2007): Die Integration qualitativer und quantitativer Methoden in der empirischen Sozialforschung. Theoretische Grundlagen und methodologische Konzepte. Wiesbaden: VS-Verlag

Kelle, Udo; Erzberger, Christian (2003): Qualitative und quantitative Methoden: kein Gegensatz. In: Flick, Uwe; Kardorff, Ernst v.; Steinke, Ines (Hrsg.): Qualitative Forschung. Ein Handbuch. 2. Aufl., Reinbek bei Hamburg: Rowohlt, S. 299-309

Keller-Ebert, Cornelia; Kißler, Mechtilde; Schobert, Berthold (2005): Evaluation praktisch! Wirkungen überprüfen. Maßnahmen optimieren. Berichtsqualität verbessern. Heidelberg: hiba

Kirchhoff, Sabine; Kundt, Sonja; Lipp, Peter; Schlawin, Siegfried (2008): Der Fragebogen. Datenbasis, Konstruktion und Auswertung. 4., überarb. Aufl., Wiesbaden: VS-Verlag

Kromrey, Helmut (2006): Empirische Sozialforschung. Modelle und Methoden der standardisierten Datenerhebung und Datenauswertung. 11., überarb. Aufl., Stuttgart: Lucius & Lucius

Kuckartz, Udo (2007): Einführung in die computergestützte Analyse qualitativer Daten. 2., akt. u. erw. Aufl., Wiesbaden: VS-Verlag

Kuckartz, Udo; Dresing, Thorsten; Rädiker, Stefan; Stefer, Claus (2008): Qualitative Evaluation. Der Einstieg in die Praxis. 2., akt. Aufl., Wiesbaden: VS-Verlag

Lamnek, Siegfried (2005): Qualitative Sozialforschung. Lehrbuch. 4., vollst. überarb. Aufl., Weinheim u. a.: Beltz

Mayring, Philipp (2007): Qualitative Inhaltsanalyse. Grundlagen und Techniken. Weinheim: Beltz

Meiers, Ralph; Schneider, Vera (2007): Reporting. In: Stockmann, Reinhard (Hrsg.): Handbuch zur Evaluation. Eine praktische Handlungsanleitung. Münster u.a.: Waxmann, S. 314-339

Merkens, Hans (2000): Auswahlverfahren, Sampling, Fallkonstruktion. In: Flick, Uwe (Hrsg.): Qualitative Forschung. ein Handbuch. Reinbek bei Hamburg: Rowohlt, S. 286-299

Merton, Robert K.; Barber, Elinor (2003): The Travels and Adventures of Serendipity. A Study in Sociological Semantics and the Sociology of Science. Princeton: Princeton University Press

Ritter, Lois A.; Sue, Valarie M. (2007): The Use of Online Surveys in Evaluation. New Directions for Evaluation, No. 115. San Francisco: Jossey Bass

Schmidt, Christiane (1997): »Am Material«: Auswertungstechniken für Leitfadeninterviews. In: Friebertshäuser, Barbara; Prengel, Annedore (Hrsg.): Handbuch qualitative Forschungsmethoden in der Erziehungswissenschaft. Weinheim und München: Juventa, S. 544-568

Shaw, Ian F.; Greene, Jennifer C.; Mark, Melvin M. (2006): The Sage Handbook of Evaluation. Thousand Oaks u.a.: Sage

Simonson, Julia; Pötschke, Manuela (2006): Akzeptanz internetgestützter Evaluationen an Universitäten. In: Zeitschrift für Evaluation, 5 (2), S. 227-248

Stockmann, Reinhard (2007): Handbuch zur Evaluation. Eine praktische Handlungsanleitung. Münster u.a.: Waxmann

Tashakkori, Abbas; Teddlie, Charles (2003): Handbook of Mixed Methods in Social & Behavioral Research. Thousand Oaks u.a.: Sage

Theobald, Axel; Dreyer, Marcus; Starsetzki, Thomas (2003, Hrsg.): Online-Marktforschung. Theoretische Grundlagen und praktische Erfahrungen. Wiesbaden: Gabler

Welker, Martin; Werner, Andreas; Scholz, Joachim (2005): Online-Research. Markt- und Sozialforschung mit dem Internet. Heidelberg: dpunkt.verlag

Wottawa, Heinrich; Thierau, Heike (2003): Lehrbuch Evaluation. 3., korr. Aufl., Bern u.a.: Huber

Printed in Poland
by Amazon Fulfillment
Poland Sp. z o.o., Wrocław